Dagmar Frederic
Ich kann nun mal nicht lügen!

Dagmar Frederic

Ich kann nun mal nicht lügen!

Verlag Michael Jung
Kiel

Umschlagfoto: Studio Urbschat, Berlin

3. Auflage 1995
Alle Rechte vorbehalten
Lektorat: Brigitte Biermann
© 1995 by Verlag Michael Jung, Postfach 2604, 24025 Kiel
Gesamtherstellung:
Hans Kock Buch- und Offsetdruck GmbH, Bielefeld
ISBN 3-929596-18-0

Ein Tag in meinem Leben

So, der Kleidersack ist im Auto, der Notenkoffer auch. Edith Muranka, unsere gute Seele, hat alles eingepackt, sogar Stullen geschmiert für unterwegs. Hast Du Atlas und Terminplan, Liebling? Gut. Maxie ist bei Omi und Opi, Gott sei Dank brauche ich mich um sie nicht zu sorgen. Schön, daß die beiden jetzt in unserer Nähe wohnen. Wir können losfahren. Vor uns liegen sechseinhalb Stunden Fahrt. Gegen 18 Uhr könnten wir in Riederau am Ammersee sein. Ich freu mich auf Weyrichs. Fred Weyrich und seine Frau haben uns eingeladen. Er ist Texter und Produzent, hat mit mir und meinem Freund Michael Hansen eine sehr erfolgreiche CD gemacht: „Ein Jahr in meinem Leben". Jetzt wollen wir ein neues Projekt besprechen.

Das ist übrigens die Jungfernfahrt mit dem neuen BMW. Ein Traum! Er ist sicherer und groß genug, daß ich mich während der Fahrt auch mal langstrecken kann und er hat ein Telefon. Auf diese Weise bleibt auch Maxie ständig für mich erreichbar. Meine Eltern müssen sich nicht mehr ganz so viele Sorgen machen, wenn ich auf Tour bin. Auf den ersten Blick scheint es Luxus, aber wenn man wie wir pro Jahr achtzig- bis hunderttausend Kilometer im Auto verbringt, kann solcher Luxus schon lebenswichtig sein.

Komisch, ich hab den Eindruck, es sind mehr die Altbundesdeutschen, die runde Augen kriegen, kommt ein Ossi in einem etwas größeren Auto daher. Ich höre schon jetzt die Sprüche: Wir haben uns nach dem Krieg auch nicht gleich einen Kühlschrank kaufen können und ähnliches. Vielleicht wäre denen lieber, ich käme in einem alten Wartburg an.

Wundervoll ist diese Herbstlandschaft. Schlaf doch ein bißchen, sagt mein Renner. Ja, ich muß mich mal zurücklehnen und relaxen, wie es neudeutsch heißt. Ich schlafe gut im Auto. Das hat mich über viele schlimme Situationen gerettet. Zu Hause bleiben mir oft nur vier, fünf Stunden Zeit zum Schlafen; wir sind ja ständig unterwegs. Es ist schön, daß mein Mann Peter Renner mich meistens begleiten kann.

September . . . Es gibt ein sehr poetisches Lied von Fred Weyrich. Darin heißt es, im September sei das Jahr fast vorbei, man müsse sich dem Spiel entweder anpassen oder aufgeben. Ich bin kein Typ, der aufgibt. Die mit mir leben, haben es sicher nicht ganz leicht. Aber sie wissen, woran sie mit mir sind. Ich sage, wie mir zumute ist, was mir nicht paßt, weiß, was ich will, und meistens setze ich mich durch. Ich bin aber auch der Motor für die Sippe. Solange ich positiven Streß habe, funktioniert mein Körper. Auch dafür bin ich dankbar.

Dabei treibe ich nicht einmal Sport. Im Sommer schwimmen wir in unserem Gartenpool. Hinter der Hecke sind wir ungestört. Vor zwei Jahren sind mein Vati, das Kind und ich zum ersten Mal gemeinsam geritten – es war ein unglaubliches Erlebnis für mich. Ich heulte fast vor Freude, ich bin doch so eine emotionale Kuh. Jetzt darf ich wegen der vielen Fernsehverträge auf kein Pferd. Vati reitet samstagsvormittags mit Maxie und nimmt ihre Freundinnen mit, die ihn alle lieben, weil er sich rührend um sie kümmert, er ist ihr Kumpel !

Pferde sieht man jetzt überall links und rechts der Autobahn. Früher mußten unsere Kinder Pferde suchen, wollten sie reiten. Jetzt hat jedes Dorf einen Reiterhof, und sie können sich diesem Sport widmen. Wir hatten unserem Kind versprochen, daß es im Frühjahr ein Pferd bekommt, aber das können wir einfach nicht einhalten. Im ersten Vierteljahr muß man Tag und Nacht mit dem Tier zusammen sein. Ich weiß, wovon ich rede, bin schließlich die Tochter eines Tierparkdirektors. Manchmal mault Maxie zwar, weil ihre Freundinnen behaupten, sie hätte gelogen. Aber eigentlich versteht sie unsere Argumente. Damals konnten wir ja auch nicht wissen, daß sie ihre eigene kleine Karriere startet und viel weniger Zeit hat. Vielleicht wird es später was, sofern es der liebe Gott da oben zuläßt.

Den zitiere ich häufig. Ich bin nicht in der Kirche, wurde auch nicht religiös erzogen. Aber ich glaube, daß da oben

6

Meine Familie

einer ist, der zuhört, wenn ich mit ihm rede. Bei dem bedanke ich mich morgens nach dem Aufwachen. Wenn wir einen neuen Tag beginnen und alle um mich herum gesund sind, muß ich einfach Dankeschön sagen für das Glück, das ich habe. Daß ich an jedem Tag sehr viel tun muß, um das zu erhalten, weiß ich genau. Besonders seit ich das Kind habe.

Ich war eine erfolgreiche, glückliche Frau. Nur eines fehlte mir: ein Kind. Das machte mich traurig. Sei nicht ungerecht, tröstete ich mich, man kann eben nicht alles haben. Und ich überhäufte die Tochter meines Bruders mit Zärtlichkeit und Liebe. Seit Maxies Geburt erschrecke ich manchmal bei dem Gedanken daran, was ich ohne dieses Glück alles verpaßt hätte.

Solche Gedanken kommen mir immer wieder. Denen hänge ich am liebsten im Auto nach, da bin ich ungestört. Zu Hause klingelt dauernd das Telefon. Wir führen ein ziemlich offenes Haus, und besonders, wenn schönes Wetter ist, haben wir viele Gäste. Einen Tag Ruhe zu haben, ist nicht drin.

Ach, ein Stau. Es wird immer lästiger, Auto zu fahren. Aber ich bin ein optimistischer Mensch. Wir müssen nur die nächsten zwei, drei Jahre durchhalten, dann wird es besser. Es ist doch erstaunlich, wie schnell sich vieles verändert hat. Die Dörfer werden schöner, die Autobahnen sind in einer affenartigen Geschwindigkeit erneuert. Vor Jahren plante man bei uns in Rüdersdorf einen Brückenbau, zwölf Jahre sollte der dauern. Nun ist in zwei Jahren schon die Hälfte fertig.

Greiz, Schleiz, Lobenstein – hier in der Nähe verlief früher die Grenze zu Westdeutschland. Wie ungern bin ich einst für eine Veranstaltung so weit gefahren! Wie sich doch die Relationen verschieben! Heute sind 700, 800 Kilometer normal. Mein Renner hat eine unglaubliche Kondition. Wir wollen nämlich am liebsten im eigenen Bett aufwachen. Es kommt öfter vor, daß wir erst morgens halb sechs nach Hause kommen, nicht etwa, wie früher, aus irgendeiner Bar, sondern von der Autobahn, völlig geschafft natürlich.

Fahre ich über die ehemaligen Landesgrenzen, durchzuckt mich noch gelegentlich der Schreck: Hast Du überhaupt Deinen Paß mit? Ewig dieses Herzklopfen, obwohl mir niemals einer was getan hat. Und dann denke ich: mein Gott, haben wir ein Schwein gehabt! Diese Leipziger Demos – was hätte '89 alles passieren können, hätte jemand die Nerven verloren! Gut, daß es unblutig, ohne sichtbare Wunden, abgegangen ist.

Die Hälfte der Strecke ist geschafft. Gleich sind wir in Nürnberg. Kurz nach der Wende habe ich mit Roland Neudert und Eva-Maria Pieckert in einem Nürnberger Studio mit zwei West-Künstlern ein Wende-Lied produziert. Da waren wir noch so andächtig, Eva erlebte wohl zum ersten Mal den Westen. Die Leute erkannten uns, was uns erstaunte, aber bis dahin reichte ja das DDR-Fernsehen. Wir glaubten ernsthaft, jetzt ginge für uns die Post ab. Dann aber ließ Frank Elstner in der Silvestersendung einen Kinderchor ein Wende-Lied singen, und die Euphorie verflog. So sind nach und nach viele Träume geplatzt wie Seifenblasen.

„Goldene Kehle" und Riß in der Schüssel

In der DDR war ich wer. Die Fachwelt akzeptierte mich. Es gab immer Leute, die behaupteten, ich sei eiskalt und plante meine Karriere. Dabei ergab sich eines aus dem anderen. Über die Landesgrenzen Richtung Westen hinaus bekannt werden – nein, das ging nicht. Einmal stand ich auf dem Marktplatz in Havanna und hörte vielstimmig meinen Namen rufen – ich dachte, mich will jemand veräppeln. Dann fiel mir ein, daß das kubanische Fernsehen unsere Unterhaltungssendungen übernahm. Ich bekam viel Post aus Hamburg oder Hannover von Zuschauern meiner Fernsehsendung „Kinomusik". Die

Sendung lief neun Jahre lang, bis zum Ende des DDR-Fernsehens. Darin stellte ich Ausschnitte aus Musikfilmen vor, von Fred Astaire über Caterina Valente und Vico Torriani bis Svend Asmussen. Natürlich mußten tschechische und sowjetische Musikfilme dabeisein, darunter gab es auch gute, und mit so bekannten Gesichtern wie Václav Neckár und Helena Vondracková haben wir auch locker den geforderten 60:40-Anteil – also 60 Prozent östliche, 40 Prozent westliche Musik – abgedeckt. In jener Zeit hab ich viel gelernt, war es doch die erste Sendung, in der ich nur gesprochen habe. Wenn auch in einer heimeligen, fast privaten Atmosphäre. Bis dahin kannte man mich ausschließlich als Sängerin.

Der Erfolg begann mit Siegfried Uhlenbrock. Ich war 22, als die Konzert- und Gastspieldirektion mich für ein Tourneeprogramm engagierte, in dem auch Uhlenbrock, Marion Velten, Roland Neudert, Volkmar Böhm engagiert waren. Es war meine erste, sehr behütete Arbeit in einem festen Programm. Danach taten Uhlenbrock und ich uns zusammen und wurden das Liebespaar der Nation. Wir hatten wirklich nichts miteinander, er war als Mann einfach nicht so mein Typ. Aber wir waren sehr erfolgreich und das erste Duo, lange bevor Hauff/Henkler und Doerk/Schöbel bekannt wurden. „Uhle" ist, wie Michael Hansen und Frank Schöbel, so drei, vier Jahre älter als ich. Er zog mit mir und seiner Gitarre zum Fernsehen, wo wir uns mit eigenen Liedern vorstellten, der Knüller: „Du hast gelacht", dieser schöne mexikanische Walzer. Nee, sagten die, diese zickige Operettenstimme von der Dagmar, das vergessen Sie mal lieber gleich. Was er glücklicherweise nicht tat. Regisseur „Krücke" Krüger hörte uns durch die Pappwände singen, kam um die Ecke, fragte: Wer is'n det? Und engagierte uns für seine Jugendsendung. Die wiederum sah Jutta Müller, Gabi Seyferts Mutter und Trainerin. Gabi lief nach diesem Walzer bei den Weltmeisterschaften 1969 in Colorado Springs ihre Show-Kür, und das Lied wurde weltbekannt. Daraufhin reisten Frederic/Uhlenbrock von 1967 bis 1970 durch die Welt, gewannen Jugend- und Schlager-

Festivals. Wir tingelten mit „Ras, dwa, tri" von Gerd Nat-schinski durch die Sowjetunion, ich nahm von Kefir, Schampanskoe und Hühnern fast zwanzig Pfund zu und merkte es erst zu Hause, als Chris Doerk feststellte: Du siehst ja aus wie eine richtige russische Mutter! Ab sofort war Null-Diät angesagt.

Zwei Langspielplatten und mehrere Singles gibt es aus dieser Zeit, die mir heute noch gut gefallen und durchaus noch bestehen könnten.

Zufälle spielen in meinem Leben eine große Rolle. Bern-hard Hönig schrieb Ende der 60er Jahre ein sehr schönes Porträt über mich in der *Wochenpost*. Nach einem Wunsch gefragt, äußerte ich, einmal in einem Musical spielen zu dürfen. Das las Hans Herrmann Krug, Ober-spielleiter in Halberstadt, der mir die Hauptrolle in sei-nem Musical „Andrea" gab – eine unglaubliche Heraus-forderung. Ich kam an – ohne Sprecherziehung, ohne Tanzunterricht, aber all das wurde am Theater nachge-holt. Die Geschichte war schlicht: Eine Schauspielerbri-gade betreut eine Baubrigade. Doch mir hat diese Spiel-zeit einen Riesenspaß gemacht und mich wieder ein Stück weitergebracht.

Bei dieser Arbeit in Halberstadt ist mir bewußt geworden, daß die Duett-Mieze durchaus als Solistin bestehen kann. Die Ära Uhlenbrock ging zu Ende. Meine Illusion, als Solistin und im Duett zu arbeiten, ließ sich mit Uhles Auffassung nicht vereinbaren. Männer mögen wohl nicht, wenn eine Frau sich aus einer Verbindung löst, gleichgül-tig, ob aus einer privaten oder einer beruflichen. Ich erschaffe jedes Jahr zehn Frederics, ließ er mich wissen. Armer „Uhle"! Schade. Wir waren doch ein so intaktes, gutes Team! Drei, vier Monate lang litt ich sehr unter der Trennung, was sich arg auf meine Stimme auswirkte. Zwei Orchesterleiter, Günter Josseck und Günter Beck, haben mich damals wieder aufgerichtet, indem sie behutsam mit mir arbeiteten.

Und Leonore Gendries, eine aparte, unglaublich herzli-che Gesangslehrerin, brachte meine Stimme wieder in Ordnung. Sie hatte zwei Chow-Chows, so daß ich meinen

Afghanen Baghira zu Hause lassen mußte. Die Hunde heulten mit, wenn ich sang, offenbar ging ihnen mein Gesang auf die Nerven. Zwar hatten mir andere Lehrerinnen schon beigebracht, wie das Instrument Stimme zu benutzen sei, Leonore Gendries aber trimmte es tiefer. Das heißt, sie arbeitete mit mir weniger an den Höhen, sondern an Wärme und Tiefe. Doch als ich 1984 mit „Uhle" anläßlich irgendeines Jubiläums ein letztes Mal „Du hast gelacht" sang, strahlte meine Stimme noch wie in alten Zeiten. Die Naivität und Lockerheit von einst aber ließen sich nicht wieder herstellen.

Lange noch bin ich zu Leonore Gendries gegangen, wenn die Stimme „abgesungen" war durch viele Auftritte oder verräucherte Luft. Heute hab ich wohl Lederstimmbänder, die alles aushalten, möge es noch lange so bleiben!

Eine meiner ersten Schlagersendungen machte ich an der Ostsee mit Regisseur Jürgen Brill und der Choreographin Ursel Dathe, sie wurden mir gute Freunde. Damals scheuchten mich die beiden über den steinigen Strand, bis meine Füße bluteten. Später halfen sie mir auf die Beine, besorgten mir und meinem damaligen Mann Rainer Kotte, einem Kameramann, ein Haus in Berlin-Köpenick. Ich wollte, wie in meiner Kindheit, im Grünen leben. Das Häuschen war alt und verwohnt, lag inmitten eines zauberhaften, verwilderten Gartens. Rainer und mir machte es Spaß, Wände einzureißen, Türen zu versetzen, zu malern, zu graben und zu pflanzen. Wir schufteten wie Verrückte, ich kenne ja nie ein Maß, und irgendwann breche ich heulend zusammen. Damals brach ich nicht nur zusammen, sondern mit einem Balken im Arm durch die morsche Decke ins Erdgeschoß. Glücklicherweise hab ich mir nichts getan.

Rainer Kotte ist übrigens ein stiller, zurückhaltender Typ, dem es sichtlich peinlich war, daß unsere Hochzeit gefilmt und das Stück dann vor jedem Kinofilm in der „Wochenschau" gezeigt wurde. Zwei-, dreimal bin ich ins Kino gerannt, weil mir das damals sehr gefallen hat. Er war übrigens mein Ehemann Nummer zwei. Zu ihm und seiner Frau stehe ich noch heute in gutem Kontakt, die

Erstes gemeinsames Foto mit Eltern

Einschulung

Mit meinem Bruder Joachim

Verbindung zu seinen Eltern hielt ich aufrecht, solange sie lebten. Ehemann Nummer eins war Offiziersschüler der Marine. Wir waren beide 20 und viel zu jung.

Auch mit Rainer war ich nur vier Jahre verheiratet. Peter Wieland spukte in meinem Kopf herum. Wir arbeiteten viel zusammen. All meine Lieder, Texte hat er mit mir erarbeitet. Bei Uhlenbrock habe ich Disziplin gelernt. Steht man allein auf der Bühne, kann man schon mal schummeln, zu zweit aber muß alles stimmen. Diese Arbeitsmoral, die für einen Freischaffenden lebenswichtig ist, die brachte mir Peter bei. Er war glücklich verheiratet, ein guter Familienvater. Die Familie gab ihm Halt auch in seinen schlimmen Zeiten, als niemand seine Schlager hören wollte, sondern alles nur nach Twist und Rock'n Roll verrückt war. Ich bewunderte ihn. Während andere sich mit Alkohol über Krisen hinwegtrösteten, überstand er das Tief mit eisernem Willen. Später erwies sich, daß auch unsere gemeinsame Musik immer wieder gefragt war. In unserer kleinen Republik war es einfach, einen solchen Karriereknick zu überstehen. War man mal weg vom Fenster, hieß das ja nur, daß Rundfunk und Fernsehen nichts von einem wollten. Im ganzen Land liefen genügend Veranstaltungen, bei denen man mit Muggen (musikalischen Gelegenheits-Geschäften), die heute Galas heißen, weit mehr als Otto Normalverbraucher verdienen konnte. Nebenbei bemerkt, sind diese heutigen Galas nichts anderes als unsere Muggen. Im Gegenteil, ich muß mich bei Galas häufig in der Küche zwischen Hühnerkeulen und Salat umziehen, weil niemand an eine andere Möglichkeit denkt. Jetzt allerdings kannst Du, wenn Du Glück hast, einen Hit landen und schweinisch viel Geld verdienen. Hast Du schlechte Berater oder versäufst die Knete, bist Du morgen so arm wie eine Kirchenmaus, und niemand gibt Dir noch ein Stück Brot. Und schon sitzt Du auf dem Sozialamt. In der DDR konnte man mit Singerei zwar nicht Millionär werden. Aber niemand mußte unter Brücken schlafen. Ich will mich überhaupt nicht beschweren oder gar das Alte wiederhaben. Ich will nur weiterhin vergleichen und kritikfähig bleiben.

Es ist unbestritten, daß unsere Unterhaltungskünstler phantastisch ausgebildet waren. Ob Tänzer oder Artisten, sie besuchten kostenlos eine entsprechende staatliche Schule, arbeiteten so lange, wie sie konnten und waren abgesichert – mit dem 35. Lebensjahr stand ihnen eine Rente zu und die Umschulung in einen anderen Beruf. Aber wie man gesehen hat, kann sich das kein Staat auf Dauer leisten.

Auch diese Agenturen-Monopole waren kommerziell nicht tragbar, sie wurden viel zu hoch subventioniert. Die Konzert- und Gastspieldirektionen vermittelten Auftritte in der DDR, die Künstleragentur Verträge ins Ausland. Wobei sie mehr verhinderte als vermittelte. Sie haben mir vieles verbaut. Geschäftskontakte, die ich aus dem Ausland – egal, ob West oder Ost – mitbrachte, ließ dieses Unternehmen häufig im Sande verlaufen. Nicht etwa, weil es von oben angeordnet war – nein, Sympathie und Antipathie hieß das Zünglein an der Waage. Vielleicht auch die Haltung: Ich darf nicht in den Westen, wieso dann die?

Laie müßte man sein!

1977 war ich wieder mal drauf und dran, eine Verbindung mit einem Mann einzugehen, weil meine jahrelange Sehnsucht nach einer festen Beziehung zu Peter Wieland keine Erfüllung fand. Plötzlich aber stand er vor der Tür meines kleinen Häuschens in der Köpenicker Genovevastraße. Endlich! Nun ist Peter kein Mann, der sich in ein gemachtes Nest setzt, wir hatten Riesenglück und bezogen drei Ecken weiter in der Dornröschenstraße ein neues altes Haus, in dem ich wieder Wände einriß, Türen versetzte, Öfen abtrug. Irgendwann traf ich mal eine Stadträtin, die mir sagte: Eigentlich müßten Sie vom

Stadtbezirk Köpenick einen Orden bekommen, weil sie alte Häuser kaufen und sanieren.

Ich war privat glücklich. Beruflich erfolgreich: 1969 Hauptpreis beim Festival der Jugend und Studenten in Rumänien, Julio Iglesias gratulierte, und Roy Black schickte Rosen; ein Preis beim Schlagerfestival im polnischen Sopot 1972, einer 1976 in Villach, 1977 wurde ich Publikumsliebling in Sopot, im Jahr drauf durfte ich dort mit dem Günter-Gollasch-Orchester den Showteil bestreiten. 1981 bekam ich in Bulgarien den „Goldenen Orpheus" – eine Trophäe, die in keinem anderen deutschen Wohnzimmer steht. Grund für Heinz Florian Oertel, mit mir ein „Porträt per Telefon" zu machen, eine Auszeichnung, denn Leute aus unserem Genre kamen dort kaum vor. Mein Publikum hat mir weder meine privaten noch die künstlerischen Sprünge übelgenommen. Ich hieß immer Dagmar Frederic, und wer sich nicht für Klatsch und Tratsch interessierte, kriegte meine Ehen gar nicht mit. Auch die Trennung des Duos Frederic/Uhlenbrock hätte schiefgehen können. Stattdessen akzeptierte man das neue Paar Frederic/Wieland. Die Zeit war günstig für uns, neben den „Wegen über's Land" leistete sich der Arbeiter-und-Bauern-Staat, wie sich Honecker & Co. Seidenanzüge leisteten, Eleganz auf der Bühne. Was ja meiner Mentalität entsprach. Auch den Ausflug ins Musical verzieh man mir gern. Ich sang Evergreens, Musicals, Tagesschlager, spielte Szenen – und das Publikum nahm mich an.

Wolfgang E. Struck vom Friedrichstadt-Palast verlor mich nie aus den Augen. Regisseur Detlef Elken Gruber traute sich einst, Frederic und Uhlenbrock, dieses ganz junge Paar, in einer Revue um den Modeschöpfer Bormann auf die große Friedrichstadt-Palast-Bühne zu stellen. Über die schrieb Renate Holland-Moritz: Die einzige, an der die Bormann-Klamotten gut aussahen, war die Frederic. Strucki engagierte mich immer wieder. Später führte Peter Wieland auch als Sprecher durch die großen Revuen. Den Stil der Conferencen guckte er von Wolfgang Brandenstein ab. Auch ich hab geklaut mit Augen und Ohren, Gestik, Bewegungen, Make up, Frisuren. An diese Revuen im Palast denke ich sehr gern zurück, und ging das Ensemble auf Tournee, war ich dabei.

Ich erinnere mich an eine Tournee 1977 durch die Sowjetunion: In Moskau war es so hundekalt, daß wir mit dicken Schals um den Hals zu viert im Bett hockten: Peter Wieland und ich, Michael Hansen und seine Frau. Susanne, eine Super-Organisatorin, beschaffte Riesenbüchsen Kaviar und Sekt. Michael spielte mit klammen Fingern auf seiner Gitarre und komponierte Lieder: „Ich will Dir eine Rose sein" und „Einen Tag heb für mich auf". (Wolfgang Tilgner hat später die Texte dazu gemacht.) Wir waren unglaublich fröhlich und sangen diese Melodien, die sofort ins Ohr gingen. Auf einem einfachen kleinen Reportergerät nahmen wir sie auf. Dieses Band spielten wir in Berlin Horst Renz vor, dem für Unterhaltung zuständigen Mann im DDR-Fernsehen. Er war begeistert. In der Zwischenzeit fand ein Festival in Villach statt, wofür mir Walter Kubitschek „Was halten Sie vom Tango?" komponiert hatte – ein Riesenkracher. Danach entschied Renz: Mit dem „Tango" und „Einen Tag heb für mich auf" fährst Du nach Sopot! Zum Festival, ein großes internationales Ereignis. So geschah es, und ich gewann mit dem „Tango" auf der Sopoter Waldbühne einen der drei Preise und wurde Publikumsliebling.

Das Fernsehen kam 1977 in Gestalt von Heinz Quermann und fragte, ob ich die „Serenade bei Kerzenschein" moderieren wolle. Er hatte mich mit „Any Get Your Gun" gesehen, und ihm war gerade die eingeplante tschechische Moderatorin ausgefallen. Die Moldauspatzen aus Prag sollten dabei sein und eine Prager Big Band, die Klassik modern spielte. Von Wollen könne gar keine Rede sein, sagte ich, aber ob ich das kann? Es waren die schwersten Ansagen dieser Welt, die tschechischen Namen hab ich tapfer auswendig gelernt, bis sie mir fehlerfrei über die Lippen kamen! Die „Serenade" wurde eine feste Instanz an jedem Heiligabend. Wir wußten, daß wir kein Millionenpublikum hatten, das Fernsehen leistete sich am späten Abend einfach diese schöne halbe Stunde. Nach drei, vier Jahren fragten Zuschauer, warum ich denn in der „Serenade" nicht singen würde, das machte mich sehr stolz. Fortan sang ich immer ein großes Lied. Die Sendung lief bis 1989, und lange noch kamen Briefe von Zuschauern, denen die „Serenade" fehlte. Vielleicht wird es sie im nächsten Jahr im MDR geben? Schön wär's! Einmal mußten wir aus technischen Gründen diese Heiligabend-Sendung mitten im Hochsommer aufzeichnen. Hundstage, 45 Grad im Studio. Ich im weihnachtlichen langen Kleid, die Füße in einer Schüssel mit Eiswasser, sonst wäre ich zerflossen. Dann hatte ich auch noch so eine Mammutansage. Als die endlich im Kasten war, schrie Peter Wieland richtig befreit auf: Laie müßte man sein! Und ich durfte von vorn anfangen, weil er in den Nachhall gequatscht hat. Heinz Quermann zitierte den Satz noch oft.

Übrigens Heinz: Er saß bis zum Fernsehschluß noch in Adlershof und bereitete seine Sendungen vor. Heinz, der Quermann, wie er sich nannte, Vater von „Da lacht der Bär", Entdecker vieler Talente in „Herzklopfen kostenlos", Chef „Zwischen Frühstück und Gänsebraten", Erfinder von „Da liegt Musike drin", „Mit Lutz und Liebe", „Das ist Musik für Sie" und und und. Dieser äußerlich so gemütliche „Papa" mit seinem Schmollmund und dem Watschelgang, zu dem jeder gleich Vertrauen faßte. Der aber wie eine Rakete in die Luft gehen kann, begegnet er Unprofessionalität, Dummheit, Bürokratie, Herzlosigkeit, Eitelkeit.

Neugierig auf mich

Im Oktober 1981 gastierten Peter Wieland und ich im Steintor Halle, einem traditionsreichen Varieté. Mit dem Chef des Hauses, Helmut Eschrich, war das Programm in allen Details besprochen. Die Proben liefen. Gerda Leh-

Traumpaar Dagmar und Siegfried

*Ehepaar Dagmar und Peter bei Erich Honecker
(Verleihung des Nationalpreises)*

mann kümmerte sich um meine Garderobe, und Dieter, der kleine, sehr dienstbeflissene Inspizient stimmte mit mir noch einmal die Stichworte für meine Auftritte ab. Nun aber wollte ich endlich in die Kantine, um Wilma und Jupp zu begrüßen, die beiden stellten den Speisenplan stets nach unseren Wünschen zusammen und sorgten so für eine sehr familiäre Atmosphäre. Biste mit dem Licht zufrieden? hörte ich noch die polternde Stimme des Beleuchters Jürgen Scholz, als ein Mann vor mir stand, der sich als Direktor der Konzert- und Gastspieldirektion Halle vorstellte: Peter Renner. Wir wechselten einige freundliche Worte, seine bestimmte, nicht uncharmante Art gefiel mir, und so lud ich ihn zu einem kleinen Umtrunk ein, den Peter Wieland und ich am 7. Oktober nach dem Abendprogramm geben wollten. Es gab einen triftigen Grund zum Feiern: Sollten wir doch am Tag zuvor als „Sozialistisches Künstlerkollektiv" mit dem Nationalpreis ausgezeichnet werden.

Wie an jedem dieser Oktoberabende begrüßten wir auch am 7. als ersten Papa Hinze, den uralten Pförtner, gingen in die Garderobe, ich schlüpfte ins Kostüm, der Vorhang öffnete sich, und ich war in meinem Element: stand im Scheinwerferlicht, schwelgte in meiner Musik und ließ mich von der Herzlichkeit des Steintor-Publikums tragen. Mittendrin gratulierte uns Eschrich zu der hohen staatlichen Auszeichnung, und Achim Meißner, der Leiter des Chores Vocalis, schenkte mir statt Blumen ein kleines schwarzes Kätzchen. Es krallte sich schmerzhaft in mein Dekolleté und hinterließ Spuren, an die ich noch lange denken sollte.

Der stürmische Applaus war verklungen, ich hatte mich aus dem engen Kostüm geschält und in meine Jeans geworfen. In der Kantine herrschte bereits fröhliche Ausgelassenheit. Mit lautem Knall öffnete Jupp die erste Flasche „Rotkäppchen". Wir plauderten fröhlich durcheinander, bis ich bemerkte, daß ich mich eigentlich nur noch mit Peter Renner unterhielt. Er sprach ruhig, klar, bestimmt, hörte mir aufmerksam zu und sah mir in die Augen, als genügten ihm meine Worte nicht. Offenbar war er neugierig, neugierig auf mich. Wie er mir gestand, hatte er mich Mitte der sechziger Jahre in einer kleinen Bar in Frankfurt/Oder gehört. Und vergessen. Ein paar Jahre später dann habe er miterlebt, wie einer seiner Bekannten darunter litt, weil seine Freundin ihn verlassen wollte. Peter Renner riet ihm: Hör endlich auf zu jammern! Wenn Du diese Frau zurückgewinnen willst, schaffe Distanz zu ihr. Was nichts fruchtete. Die Freundin ging. Diese Frau war ich.

Mit dieser Geschichte erhielt unsere Unterhaltung plötzlich den intimen Charakter einer Verschwörung. Um die Situation zu entspannen, versuchte Renner, Peter Wieland mit einer Frage in unser Gespräch einzubeziehen. Doch der zischte ihm zu: Sei still, Du willst doch nur meine Frau! Der graue Wolf witterte den Rivalen.

Etwa ein halbes Jahr später, es war der 15.4.1982, klingelte das Telefon. Das erste Wort reichte, um zu wissen, wer mich anrief: Peter Renner. Er sei in Berlin und hätte mit uns einen großen Sommernachtsball zu besprechen. Ob er vorbeikommen dürfe. Ich hatte Geburtstag, lud ihn aber ein, da ich außer meinen Eltern keine weiteren Gäste erwartete. Er brachte dunkelrote Rosen. Es wurde ein sehr interessantes und anregendes Gespräch über alle möglichen Probleme. Nicht, daß er mich umgeworfen hätte, doch beschlich mich eine unerklärliche Unruhe. Unsere Katze tollte durch's Zimmer, und irgendwie ergab es sich, daß Renner und ich uns gleichzeitig hinhockten, um Mohrchen zu streicheln. Zufall war es nicht, daß sich unsere Finger berührten. Es traf mich wie ein elektrischer Schlag. Ich war sehr beunruhigt.

Der Sommernachtsball wurde ein Erfolg. Grund genug, um bei dem Hallenser Starfotografen Rolf Heynemann den Abend ausklingen zu lassen. Sein Atelier glich einer Theaterkulisse: an den Wänden zahlreiche Fotos von Stars und Sternchen, ringsherum Kameras, Stative, Lampen, Arbeitsutensilien, Requisiten. Mittendrin Rolf und Gerda, unglaublich erzählfreudig, den allerneuesten Klatsch verbreitend. Sie besaßen die Fähigkeit, Gäste so ins Gespräch zu ziehen, daß diese ihre anfängliche

Zurückhaltung bald aufgaben. Gerda, wieder mal in ihren knallgelben Hosenanzug gezwängt, brillierte mit ihrem Volkshochschulenglisch. War es die Patina dieses Milieus oder die Unmöglichkeit, mit Renner ein persönliches Wort zu wechseln – es schnürte mir die Kehle zu, ich brauchte dringend frische Luft. Daß etwas geschehen würde, wußte ich, denn mit zwei, drei Blicken hatte er seine Verfassung verraten. Ich ging ins Nebenzimmer und öffnete weit das Fenster. Er folgte mir. Umarmte mich spontan. Wir flüsterten uns Wortfetzen ins Ohr, unverständlich zwar und dennoch eindeutig.

An einem der nächsten Tage fuhren Peter Wieland und ich zum ersten Mal nach Österreich. Auf diesen Urlaub hatte ich mich so sehr gefreut. Peter Renner hat ihn mir total verdorben. Unentwegt dachte ich an diesen Mann. Am ersten Montag nach dem Urlaub wollten wir uns anrufen. Ich wartete vergeblich, mein Telefon klingelte nicht. Schließlich griff ich selbst zum Hörer und teilte ihm mit, daß ich am kommenden Wochenende in Halle die Sendung „Im Krug zum grünen Kranze" aufzeichnen würde und ab Donnerstag im Interhotel anzutreffen sei. Er reagierte reserviert – fürchtete er die Konsequenz seines, unseres Verlangens?

Mein Peter, also Wieland, begleitete mich bisher immer, nur an diesem Wochenende gab es einen triftigen Grund, der ihn daran hinderte. Eine schicksalhafte Vorentscheidung war gefallen. Ich traf Peter Renner am Freitag, und es passierte, was passieren mußte. Nun geriet ich völlig durcheinander. So etwas war mir schon lange nicht mehr widerfahren. Trotz aller Verliebtheit, trotz allen Erschreckens war mir klar: Mein Mann hatte das am allerwenigsten verdient. In meinem Gefühl völlig irritiert, versuchte ich, ihn nichts spüren zu lassen. Doch ich kann nun mal nicht lügen. So sagte ich ihm schließlich die Wahrheit. Streiten konnte und wollte ich nicht mit ihm. Er litt, und das tat mir unendlich leid.

Nie war ich einsamer als damals. Mit zwei Männern konnte und wollte ich nicht leben. Niemand verstand meine Konsequenz. Häufig hörte ich: Leiste Dir den Ren-

ner doch als Geliebten, Du mußt doch nicht gleich aus-
ziehen! Auch meine Schwägerin war entsetzt: Du kannst
doch nicht alles dort stehen und liegen lassen – das hätte
doch mein Kind mal geerbt! (Später, im Westen, verließ
sie Mann und Kind.) Alle distanzierten sich. Sogar meine
Eltern und mein Bruder Achim, was mich besonders hart
traf. Freunde, und es waren einst sehr viele, die meine
Nähe suchten, blieben aus.
Für Peter Renner und mich begann eine qualvolle Zeit.
Hin- und hergerissen zwischen der Verantwortung für die
uns Nahestehenden und dem sicheren Gefühl unserer
Liebe, mußten wir unseren neuen Weg riskieren.

Dornröschenstraße, ade!

Endlich! Es war soweit, die letzten Sachen waren im
Volvo verstaut. Noch einmal streifte mein Blick die
gewohnte Umgebung, vertraute und liebgewordene
Gegenstände. Ich schaute in den Garten, der unter meinen Händen gediehen war, vorbei an den Thujas über
den Pool hinüber zum Hexenhaus. Erinnerungen tauch-
ten auf, die Behaglichkeit des Hauses schien mich festhalten zu wollen. Baghira, mein Afghane, sah mich an, als
wolle er mich fragen: Was tust Du eigentlich? Doch
meine Entscheidung war gefallen, nichts wollte ich rück-
gängig machen. Auch für die beiden Männer Peter und
Peter mußte die quälende Ungewißheit ein Ende nehmen. Und ich war neugierig auf das kommende, neue,
bestimmt ganz andere Leben. Hinter mir fiel das Garten-
tor ins Schloß. Dornröschenstraße, ade! Die Erinnerung
an eine schöne Zeit wird bleiben.
Am Bahnhof vorbei, über die Köpenicker Schloßbrücke
Richtung Adlergestell – noch genügend Zeit, Abschied zu
nehmen. Dann war die Autobahn erreicht, und mit
zunehmender Geschwindigkeit wich der auf mir lastende
Druck. Ich war glücklich. Wieder einmal spürte ich die

fröhliche Ausgelassenheit in mir, die ich immer dann empfinde, wenn ich mich durch Ungereimtheiten zur Klarheit durchgerungen habe. Auf Wolken schwebte ich, nun unbeschwert und voller Energie. In dieser Stimmung übersah ich das trübsinnige Grau über Halle, die ungepflegten Häuser und schmutzigen Straßen, die ätzende Luft und die von giftigem Schaum bedeckte Saale. In der Willi-Bredel-Straße 5, fünfte Etage ohne Fahrstuhl, wartete Peter. Der Empfang war stürmisch. Seine Arme umschlossen mich. Wir ließen uns fallen.

Erst danach nahmen wir unser Heim in Augenschein, entwarfen Pläne für die Einrichtung unserer Burg. So nannten wir die Drei-Zimmer-Wohnung, die uns ein sicherer Hort werden sollte.

Unterdessen hatte sich Baghira umgesehen, sich schnüffelnd in die winzige Küche mit Durchreiche und das noch kleinere, fensterlose Bad gezwängt. Schließlich legte er sich vor die Wohnungstür, als wollte er sagen: Lange kann das ja hier nicht dauern. Auch ein Hund darf sich irren.

Es begann das Abenteuer Neubauwohnung/Erstbezug. Ich war in eine ruhelose Atmosphäre geraten und erlebte eine mir völlig unbekannte Welt. Bis dahin hatte ich ja fast ausschließlich in Einfamilienhäusern in beschaulichen Gegenden gelebt, das Köpenicker Märchenviertel stand noch allgegenwärtig vor meinen Augen. Jetzt fühlte ich mich wie in einer Fabrik. Ringsum hämmerte, bohrte, klopfte es. Die glücklichen Mieter richteten sich ein und kämpften wochenlang von früh bis spät mit der Schlagbohrmaschine, wir argwöhnten, einer gab sie an den anderen weiter. Gemütlicher, weil leiser, waren die Malerarbeiten, die die meisten für unerläßlich hielten. Die großblumigen Tapeten, die in allen Wohnungen klebten, waren ähnlich unerträglich wie die schlammigen Wege im gesamten Viertel. Als wohltuend dagegen empfand ich die Hilfsbereitschaft der Nachbarn. So klingelte es eines Tages an unserer Wohnungstür. Vor mir stand ein Mann, der mich verdutzt ansah und dann, sichtlich verlegen, fragte: Sind Sie nicht die ...? Ja, ich bin es, sagte ich, und: Sie wünschen? Der junge Mann erklärte ohne Um-

24

Mit James W. Pulley im Steintor-Varieté in Halle

Herbert-Roth-Medley mit James und Eberhard Rohrscheidt

schweife: Na ja, ich bin Klempner, ich habe hier die Bäder eingebaut. Ins Bad paßt aber keine Waschmaschine, nicht wahr? Ich nickte und wartete auf eine Erklärung. Die kam auch prompt: Für 50 Mark könnte ich das Toilettenbecken versetzen, so daß zwischen Waschbecken und Klo die Waschmaschine paßt. Wir kamen schnell ins Geschäft. Ich fragte ihn, warum er das Bad nicht von vornherein so gebaut habe. Die Antwort war schlicht: Das stand nicht im Plan. Und so könne er sich was dazuverdienen. Ehrlich und nett waren die Leute.

Peter las mir fast jeden Wunsch von den Augen ab. Doch der Alltag forderte seinen Tribut. Egal, wann ich in der Nacht von Auftritten oder Fernsehaufzeichnungen heimkam, Peter schlief nicht eher, bis er mich wohlbehalten an seiner Seite wußte. Dabei mußte er spätestens 6.45 Uhr aufstehen, um pünktlich im Büro zu sein. Dann war auch für mich die Nacht vorbei, denn natürlich machte ich ihm das Frühstück. Schon eine Stunde zuvor klappte draußen eine Tür: Unsere Nachbarin verließ mit ihren beiden kleinen Kindern die Wohnung. Abends nach fünf kehrten sie heim. Am Kinderwagen hingen Einkaufsnetze voller Flaschen mit Lauchstädter Brunnen. Die Warnung der Ärzte, Kindernahrung nicht mit Leitungswasser zuzubereiten, wurde ernstgenommen. Wie oft habe ich diese Frauen bedauert und bewundert.

Die Stunden bis Peters Rückkehr verliefen zäh und träge. Mich fröstelte, sah ich aus dem Wohnzimmerfenster: Hinter dem Hof, der voller Bauschutt lag, qualmten die Schlote von Buna. Ein beängstigendes Bild: Wie böse Fabeltiere wirkten die schmutzigen Wolken, die das Land ringsum mit einem grauen Schleier bedeckten und das Leben zu ersticken drohten. In solcher Stimmung eilte ich zu Mielkes. Helga und Gerd hielten sich mit einem winzigen Tante-Emma-Laden über Wasser. Sie waren für mich da, wann immer ich sie brauchte. Wenn ich die Ladentür öffnete, strahlten mich Helgas Augen an, der bärbeißigfreundliche Gerd rollte auf mich zu, zog mich an seine Brust und brummte: Na, wie isses, Mädel, willste 'n Kaffee? Gerettet! dachte ich in solchen Augenblicken.

26

Ich sprang ein paar Stufen hinauf in das kleine Hinterzimmer, kuschelte mich in den alten, mit Kissen vollgestopften Ledersessel, und bald schon umspielte der Duft von „Rondo" unser heiteres Geschwätz. An der Tür prangte das Plakat meines Tourneeprogramms „Zehn Mann und ick, die Frederic".

Natürlich blieb Peter meine Verfassung nicht verborgen. Er wollte mit Günter Kuhbach, seinem Chef, sprechen und seinen Job aufgeben. Ich war dagegen, schließlich hatte er ihm zugesagt, fünf Jahre in Halle zu bleiben. Wir können Günter nicht enttäuschen, sagte ich, Du weißt doch, daß er mit uns genug Schwierigkeiten hatte. Peter hatte, als er 1981 die Arbeit in Halle aufnahm, trotz großer Wohnungsnot für sich und seine Familie eine Vier-Zimmer-Wohnung bekommen. Und nur kurze Zeit später stellte er Kuhbach vor die Alternative: Wenn Du nicht möchtest, daß einer Deiner Direktoren ständig mit einer aus Funk und Fernsehen bekannten Frau im Auto gesehen wird, mußt Du mir eine Wohnung besorgen. Kuhbach wollte seinen Ohren nicht trauen. Doch nach Peters Beichte half er in der ihm eigenen angenehm-zurückhaltenden Art.

Es gab auch andere, die uns das Leben mit Gehässigkeiten und Gerüchten schwermachten. Die Namen sind aus dem Gedächtnis gestrichen, die Wunden vernarbt, geblieben ist die Erinnerung an Peters tröstende Worte: Laß uns erst mal eine Familie sein, dann hören diese Böswilligkeiten ganz von selbst auf. Das haben schon andere vor Dir probiert, gab ich zur Antwort, daraus wird wohl nichts mehr werden. Wir hatten nie über ein Kind gesprochen. Ich war 38 und hatte mich mit dem Gedanken der Kinderlosigkeit abgefunden. Was Peter nicht irritierte: Laß mich nur machen …

Ich raste weiter zwischen Halle und Berlin hin und her, oft hatte ich das Zwanzig-Seiten-Manuskript für die „Kinomusik mit Dagmar Frederic" vor mir auf dem Lenkrad und lernte während der Fahrt. Wie leer waren damals die Autobahnen! In dieser Zeit wurde der neue Friedrichstadt-Palast fertig, ein Haus, auf das wir Gaukler uns mit großer Erwartung freuten. Vor der Eröffnung rief mich der Intendant, Wolfgang E. Struck, an: Du eröffnest auf persönlichen Wunsch von Erich Honecker mit einem Lied von Gerd Natschinski den neuen Palast! Mensch, Strucki, das geht nicht! sagte ich, ich bin doch mit meinem Programm auf Tournee! Meine Band und die anderen Mitwirkenden stehen fest unter Vertrag. Strucki, wie er von uns alten Hasen und Freunden liebevoll genannt wurde, ließ sich nicht beirren; hinter ihm stand eine Autorität, die jede Entscheidung rechtfertigte. Also wurden alle Auftrittstermine verschoben, und mein gesamtes Team hatte bezahlten Urlaub.

Nun mußten die Fahrten zwischen Halle und Berlin aufhören. Kein Risiko eingehen! Ein Ereignis dieses Ranges – immerhin wurde die Eröffnungsveranstaltung in alle Welt übertragen, und Regierung sowie das gesamte diplomatische Corps saßen im Saal – mußte perfekt sein. Wieder einmal arbeitete ich mit diesem wunderbaren Palast-Team zusammen: Orchesterproben unter Leitung von Hans Schulze-Bargin, und immer wieder die große Treppe mit den 115 Stufen üben, üben und nochmal üben, ein Stolpern auf dem Weg nach unten, die Folgen wären in jeder Hinsicht katastrophal gewesen!

Während dieser Zeit wohnte ich wohlbehütet bei Uschi und James W. Pulley: Uschi, die ihr Leben ihrem James verschrieben hat, immer darauf achtend, daß alles seinen Gang geht und daß er immer gut gekämmt ist, James, ein Riese mit großer Stimme und noch größerem Herz. Sie waren mir treue Freunde geblieben; warmherzig und großzügig, hatten sie Peter sofort angenommen. Wann immer er Zeit hatte, kam der in seinem alten Lada angeprescht, um bei mir zu sein. Einmal, es war ein wunderschöner, heißer Sommertag, erschien er, wie üblich korrekt mit Schlips und Jackett, in Pulleys Garten und spazierte ohne Zögern geradewegs in den Pool. James platzte fast vor Lachen. So was hatte er meinem Renner nicht zugetraut. Einmal in Stimmung gekommen, spulte Peter sein ganzes Programm ab: drehte Teller auf einem Finger, balancierte Messer auf der Nase, Tisch und Leiter auf dem Kinn, lief auf Händen durch den Garten, bis er sich glücklich neben mir ins Gras fallen ließ.

Peter und mein schwarzer Freund James führten lange Gespräche miteinander, legten dort den Grundstein für eine ehrliche, enge Männerfreundschaft.

Der neue Friedrichstadt-Palast und – wir sind schwanger!

Eine spannungsgeladene Situation: Premiere im neuen Haus! Alles ist hundertmal geprobt und trainiert, und doch bleiben tausend Unsicherheiten. Eine unbeschreibliche Nervosität macht sich breit. Die weißen Ziegelmauern, die schmalen Gänge, die klinisch sauberen Garderoben leben noch nicht, können noch nichts erzählen. Der Gedanke an Flucht kommt auf. Lampenfieber. Meine Hände sind eiskalt. Ich stürzte in die Maske. Perückenköpfe, Schminktöpfe, Puderquasten, eine Fülle von Farben und Gerüchen, große, gut ausgeleuchtete Spiegel, Fotos und Plakate aus dem alten Haus – in dieser Atmosphäre fühle ich mich wieder heimisch. Ach, dieser Ort der Streicheleinheiten, spitzen Zungen und Metarmorphosen … Kati nimmt mich in Empfang, ihre geschickten Hände beruhigen mich, verwandeln Daggi in Dagmar Frederic.

Toi, toi, toi – heute nicht nur leicht hingeworfen, heute klingt es wie eine Beschwörung. Vorbei an offenen Garderobentüren, vorbei am Ballett, hin zu den Inspizienten Walter und Bärbel – die beiden gaben mir schon oft den letzten Schubs. Strucki, der die Eröffnungsrede zu halten hatte, blickte mit seinen freundlichen Augen über dem Schnauzer auf mich herab. Er ergriff meine Hände, Strucki vertraute mir. Es konnte nichts schiefgehen. Getragen von Musik, die wie eine Hymne klang, und dem unaussprechlichen Glücksgefühl, das mich immer dann ergreift, wenn ich mit meinen künstlerischen Möglichkeiten eine Botschaft zu vermitteln glaube, sang und bewegte ich mich wie von selbst. Sogar die Treppe hatte ihren Schrecken verloren. Die Stimmung im Saal war toll. Uns einte die freudige Erwartung auf die großartigen künstlerischen Möglichkeiten, die dieses, in Europa einmalige Haus bieten sollte. Wir Macher schwelgten in Superlativen und schwammen auf den Wogen der Phantasie, die plötzlich mit der Realität kollidierte. Den weitaus schwierigeren Part der Eröffnung nämlich hatte der Conferencier O. F. Weidling zu meistern: Einen gefährlichen Balanceakt zwischen der Protokollreihe und dem Publikum. O.F. Weidling sorgte für Stimmung, und während sich das Volk im Saal auf die Schenkel schlug vor Vergnügen, versteinerten die Mienen in den ersten Reihen rund um Honecker. In der Wiederholungssendung des Fernsehens am darauffolgenden Tag fehlten alle Textpassagen O.F. Weidlings...

Neben solcherart Erfahrungen waren es aber vor allem körperliche Unpäßlichkeiten, die mir zu schaffen machten. Sie veranlaßten mich, Elisabeth um einen Termin zu bitten. Wir fuhren nach Eberswalde.

1965 oder 66, als ich noch in der Hirsch-Apotheke arbeitete, lernte ich Elisabeth kennen, eine junge Gynäkologin, deren Rezepte ich belieferte. Sie war eine auffallende, dunkelhaarige Schönheit mit einer ungemein exotischen Ausstrahlung. Viel später wurden wir Freundinnen. Dr. Herbert Ortmeier wurde mir ein väterlicher Freund. Er arbeitete als leitender Chirurg, und ich bewunderte ihn sehr. Was dieser Mann leistete! Für 12 bis 14 Stunden Arbeit, in denen er Unfallopfer zusammenflickte, stundenlang operierte, verdiente er nicht mal 2000 Mark. Verdammt, konnte ich zufrieden sein! Herbert und Elisabeth waren ein Traumpaar für mich – sie gingen auf in ihrer Ehe und der Natur, waren Hobby-Ornithologen und bewohnten ein kleines, zauberhaftes Haus am Rande von Eberswalde. Daß Herbert so schrecklich an Krebs starb, war auch für mich ein sehr großer Verlust.

Die „Doppelte Frederic" (links Alfred Müller)

Chor zum 60. Geburtstag von Heinz Quermann
1. Reihe: D. F., Lutz Jahoda, Petra Kusch-Lück, Monika Hauff,
Helga Brauer, Aurora Lacasa, Günter Gollasch.
2. Reihe: Klaus-Dieter Henkler, Michael Hansen, Rainer Süss,
Peter Wieland, Harald Neukirch, Frank Schöbel, Monika Herz

Daran mußte ich denken, als wir im Schatten alter Buchen die mir so bekannte Strecke über Spechthausen nach Eberswalde fuhren. Meine Gedanken stimmten mich melancholisch. Peter faßte nach meiner Hand.

Elisabeth untersuchte mich nur kurz, sah mich an und sagte: Du bist schwanger, weißt Du das? Sie holte Peter rein, und ich rief: Wir sind schwanger! Er nahm mich in seine Arme, unfähig, auch nur einen Ton zu sagen. Wir heulten alle drei.

Wir mußten unser Glück irgendjemandem mitteilen und fuhren vorbei an meinem Elternhaus, dessen Türen sich damals für uns nur schwer öffnen ließen, nach Spechthausen zum Friedhof, gingen an das Grab meiner Großeltern Marta und Bruno. Marta sollte es als Erste erfahren, sie stand mir immer sehr nahe. Wie oft quälte ich mich mit Selbstvorwürfen, weil ich zulassen mußte, daß sie ihre letzten beiden Lebensmonate in einem Heim verbrachte. Niemand in unserer Familie war in der Lage, die pflegebedürftige Frau zu umsorgen. Damals schwor ich mir: Solange ich lebe, werde ich mich um meine Eltern kümmern. Für Oma Marta kam meine Erkenntnis leider zu spät.

Nach dieser stummen Zwiesprache fuhren wir in unsere Burg nach Halle zurück, vorbei an Mielkes Tante-Emma-Laden. Als ich Helga von unserem Glück erzählte, schlug sie die Hände zusammen: „Aber das können wir uns doch jetzt gar nicht leisten!"

Unser Kind muß in einer gesunden Umgebung heranwachsen. Raus aus Halle, sagte Peter. Jetzt war ich seiner Meinung. Also streckten wir unsere Fühler nach Berlin aus, um eine größere Wohnung oder ein kleines Haus zu finden. Da kam mir das Angebot von Frau Matt, der „Kessel"-Erfinderin, gerade recht, den nächsten „Kessel Buntes" aus dem Friedrichstadt-Palast zu moderieren. Eine solche Aufgabe ist eine Herausforderung, vor allem aber hielten mich die intensiven Vorbereitungen davon ab, ständig in mich hineinzuhorchen. Wie oft stand ich damals vor dem Spiegel, betrachtete mich erstaunt: Mensch, ich krieg ein Kind! Und machte mir überhaupt keine Gedanken ob meiner 39 Jahre, ganz im Gegenteil.

Ich blühte auf, fühlte mich pudelwohl. Was Helga Mielke Veranlassung gab zu orakeln: Es wird ein Junge! Wie soll er denn heißen? Sascha-Moritz, so war es besprochen.

Für den „Kessel" begannen die üblichen redaktionellen Vorbereitungen, Evelin Matt wußte ziemlich genau, was sie von mir wollte, und von Regisseur Karl Gerhard Seher fühlte ich mich ins rechte Bild gesetzt. Es begannen Routine und Knochenarbeit: Tonaufnahmen in der „Büchse", dem fernseheigenen Studio, Proben mit dem Fernsehballett unter Leitung der unnachgiebigen Emöke Pöstenyi, Training im Ballettsaal der Komischen Oper mit Herrn Homann, der mir nanaische Spiele aufdrückte. Das heißt, ich tanzte auf allen Vieren, in einem Kostüm steckend, das auf meinem Rücken zwei tanzende Puppen darstellte. Oh, mein Rücken ... Schließlich, um das Kraut fett zu machen, sollte ich im Wasserbecken moderieren und, einarmig am Seil einer Winde hängend, aus dem Wasser gezogen und aus acht Meter Höhe auf der Seitenbühne abgesetzt werden. Bei der ersten Probe dieses Tricks – ein Regieassistent wollte mir gerade das Seil um's Handgelenk schlingen – griff Peter ein. Ist die Winde schon mal ausprobiert worden? fragte er, auf die Bühne springend. Schließlich war der Palast samt der Technik nagelneu. Man bat einen Artisten, sich an das Seil zu hängen, zog ihn hoch – und der Mann hing in der Luft. Die Winde klemmte. Es vergingen Minuten, bis er befreit werden konnte, auch für diesen durchtrainierten Artisten war das eine kritische Situation. Mein Arm hätte das nicht ausgehalten. Glück gehabt – danke, Peter!

Endlich ging die Post ab, Live-Übertragung und keine Zeit mehr, an etwas anderes zu denken. Birgit Salger, die Regieassistentin, blieb wie ein Schatten an meiner Seite, immer bereit, mir zu helfen oder ein Stichwort zu geben. Mein Kopf funktionierte. Das Entree war gelaufen, die erste Ansage hat geklappt, kurzes Aufatmen, raus aus dem Puppenkostüm, dabei die nächste Moderation repetieren, rein in den großen Fummel, noch dreißig Sekunden, sagt Birgit ruhig, aber unüberhörbar. Steini arbeitet an meiner Frisur, ein prüfender Blick in den Spiegel, geschafft. Noch im Applaus für die vorangegangene Darbietung bin ich wieder draußen. Alles weitere läuft wie am Schnürchen. Der „Kessel" wird ein großer Erfolg dank professioneller Teamarbeit und des unglaublichen Engagements aller Beteiligten – wir waren glücklich und zufrieden mit unserer Arbeit. Erst nach der Sendung erzählte ich dem Team, daß ich schwanger sei. Hat der Junge diesen „Kessel" überstanden, wird er alles überstehen, dessen war ich sicher.

Am nächsten Tag lasen wir in einer Zeitung von dem großartigen „Kessel", den die Frederic, charmant wie immer, moderiert habe. Dann widmete sich der Autor ausführlich der weltberühmten Katja Ebstein, die es zu feiern galt. „Sie hatte im ‚Kessel' ganze zwei Lieder gesungen". Das stimmte mich schon nachdenklich – wie, bitte schön, sollten wir Künstler aus der DDR, die wir schon hinter Hamburg nicht mehr zu sehen und zu hören waren, weltberühmt werden? Freunde, die mich trösten wollten, sagten: Du mußt das verstehen, das hat doch mit der politischen Situation zu tun. Auch so eine Metapher, mit der anstehende Probleme einfach unter den Teppich gekehrt wurden, mit der auch ich mich abfand. Bis es mich eines Tages selbst erwischte. Nämlich als ich erfuhr, daß mein Bruder Achim die Ausreise beantragt habe. Er fühlte sich in seiner persönlichen Freiheit so eingeschränkt, daß es für ihn kein Bleiben gab. Sein Entschluß stand unwiderruflich fest. Was für eine Katastrophe für mich. Natürlich lebte ich nicht mit verschlossenen Augen und Ohren, auch ich wußte um die Bedeutung der weißen Schleier an den zahlreichen Autoantennen – Symbol für die Sehnsucht nach Freiheit und Demokratie. Aber urplötzlich betraf es mich und meine Familie. Mit Trauer dachte ich an die bevorstehende Trennung von Achim, seiner Frau Gaby und meiner geliebten Julia, ihrer Tochter. Obwohl Achim im Westen auf Medieninteresse stieß, äußerte er sich nie über seine in der DDR gebliebene Familie. Weder für meinen Vater, der ja noch Tierparkdirektor in Eberswalde war, noch für mich ergaben sich daraus negative Konsequenzen.

Bald eine richtige Familie

Unsere Haussuche hatte Erfolg. Den Tip gaben Wagners. Siegfried, der ehemalige stellvertretende Kulturminister der DDR, und dessen Ehefrau Bruni kannten Gott und die Welt. Das Haus gefiel mir auf Anhieb. Alles kann so bleiben, wie es ist, sagte ich, nur die zwei Wände müssen raus, die beiden Türen werden zugemauert, und an diese Stelle möchte ich einen Kamin haben. Aber erst mußten ja langwierige Formalitäten erledigt werden. Im August durften wir zwei Wochen probewohnen, dabei die Umgebung kennenlernen. Und da wurde uns der hohe Preis klar: Inbegriffen waren die tollsten Nachbarn, die man sich denken kann. Auch wenn es schwerfiel, das nötige „Kleingeld" zusammenzukriegen, wir waren fest entschlossen, das Haus zu kaufen.

Inzwischen wartete die nächste große Aufgabe. Mit dem Lied „Große Sprüche" von Micha Hansen, Text von Angela Genzmer, sollte ich an einem Kompositionswettbewerb in Cavan, Irland, teilnehmen. Die Generaldirektion des Komitees für Unterhaltungskunst nominierte mich. Einen Tag vor dem Abflug bekam ich eine Rückenblockade und war krumm wie ein Flitzebogen. Was nun? Eine Spritze verhalf mir zu einem aufrechten Gang. Peter brachte mich zum Flughafen, wo mich eine Vertreterin der Generaldirektion erwartete. Nicht etwa um mich zu verabschieden, nein, nein sie hielt mir eine Liste der möglichen Festivalpreise unter die Nase und forderte mich auf, sollte ich einen der Preise erringen, das damit verbundene Geld bei der Generaldirektion abzurechnen. Ich mußte das mit meiner Unterschrift bestätigen. Auf meine Frage nach etwas Reisegeld erhielt ich nur ein Achselzucken zur Antwort. Peter machte ein besorgtes Gesicht und versprach zum Abschied: Nie wieder lasse ich Dich allein ins Ausland fahren! Toi, toi, toi! Mit meinem Handgepäck und schmerzendem Rücken schlich ich zum Flugzeug.

In Cavan traf ich Micha Hansen, der von einem Engagement in Amsterdam kam. Hast Du Geld mit? fragte ich ihn. Nein, meinte er, man sagte mir, Du hättest ... Da saßen wir nun ohne einen Penny, fern der Heimat. Zwei Tage dauerte es, bis die Veranstalter die Ursache unserer Zurückhaltung bei abendlichen Treffen begriffen, dann aber ließen sie uns ihre herzliche Gastfreundschaft spüren. Trotz dieser Mißhelligkeit waren wir erfolgreich: Michas Komposition erhielt den dritten Preis, ich bekam den zweiten Preis für die Interpretation und einen zusätzlichen für die am besten angezogene Frau des Festivals. Und dieser Preis stand nicht auf der Liste – unsere Freude war groß. Ich machte mit Micha halbe-halbe, und endlich waren wir flüssig.

Auf dem Flughafen Schönefeld erwartete mich Peter und besagte Vertreterin der Generaldirektion – nicht, um zu gratulieren, sondern um die Kohle einzufordern. Unser Erfolg war nicht einmal eine Pressemeldung wert.

Halle war nun, mit der Aussicht auf baldigen Umzug, erträglicher geworden. Unsere Burg auf der Silberhöhe hatte unterdessen ein Telefon. Das erleichterte die Arbeit, und ich konnte jederzeit mit meinen Berliner Freunden sprechen. Übrigens bekam mein Volvo, der vor dem Haus zwischen Trabis und Wartburgs parkte, niemals auch nur eine Schramme ab. Vielleicht, weil mich die Nachbarn als völlig normale und umgängliche Person kennenlernten. Ich war eine von ihnen, sie registrierten meinen Lebensrhythmus, sahen mich in der Kaufhalle in der gleichen Schlange stehen, kriegten mit, daß ich früh aufstand und das Treppenhaus wischte, wenn ich an der Reihe war.

Und trotzdem, aus der Silberhöhe wurde kein Märchenviertel, obwohl auch dort märchenhafte Dinge passierten. Einmal, die fünf Etagen waren gerade gewischt, stampften fünf Bauarbeiter in ihren Gummistiefeln hoch und klingelten. Sie wollten von Daggi, wie mich meine Freunde nennen, Autogramme und eine Eintragung in ihr Brigadetagebuch erbitten. Sie meldet sich bei Euch, versprach Peter und schickte sich an, das Treppenhaus erneut zu wischen. Bald darauf besuchte ich den Bauwagen, den die Jungs tiptop in Ordnung gebracht hatten.

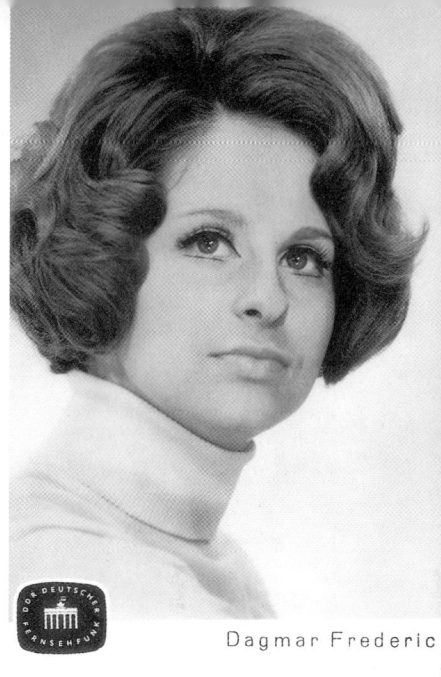

Dagmar Frederic

Dagmar Frederic

Wir tranken Kaffee und quatschten miteinander über unsere Jobs.

Renner stieg aus dem Beruf aus – unverständlich für viele! Kein Direktor gab doch freiwillig seinen Job auf! Er wollte künftig freiberuflich als Regisseur arbeiten. Im September moderierte ich das Schlagerfestival Dresden, wozu er mir die Texte schrieb. Was wieder Anlaß zu Gerede gab. Es durfte wohl nicht sein, daß einer irgendwo aufhörte und übergangslos an anderer Stelle einstieg, noch dazu beim Fernsehen. Doch konnte uns niemand was anhaben, wir gehörten zusammen, sollten bald eine richtige Familie sein, wie er es prophezeit hatte. Und dann fiel ihm ein – das Kind, sein Kind, würde, wie ich, Sauer heißen. Auch Wieland ist ja ein Künstlername. Das konnte nicht sein. Jetzt muß ich Dich ja doch heiraten! rief er aus. Am 28. Dezember heiratete ich also zum vierten Mal, diesmal Herrn Peter Adolf Helmut Renner – ich bin fast geplatzt vor Lachen, ich wußte noch nicht, daß er auch Adolf heißt, soweit waren wir gar nicht gekommen. Meine Eltern waren dabei – wir hatten endlich wieder zueinander gefunden –, unsere Freunde Brundhilde und Siegfried Wagner, Uschi und James Pulley – was eben noch bei Richard Claydermans Musik vor Rührung schluchzte, lachte nun befreit mit.

Durch ein Telefonat erfuhren wir, daß Peters Mutter, die in Westdeutschland lebt, in Görlitz bei seiner Schwester zu Besuch war. Sie kam Silvester zu uns. Wir beiden Frauen verstanden uns auf Anhieb. Sie fragte behutsam, mit Blick auf meinen dicken Bauch: Wann heiratet Ihr eigentlich? Ich brachte es nicht über's Herz, ihr zu sagen, daß wir seit zwei Tagen verheiratet waren. Peter hat's ihr dann schonend beigebracht.

Am Montag, dem 21. Januar 1985, drei Wochen vor meinem Entbindungstermin, wollte ich mit dem Kurs für Atemtechnik beginnen. Den Samstagsnachmittag davor verbrachten wir gemütlich mit Mie, Heinz Rennhacks Frau. Kaum lag ich im Bett, es war fünf Minuten vor Mitternacht, da platzte meine Fruchtblase. Wir riefen Elisabeth an: Wehen alle zehn Minuten, was tun? Fahrt los!

riet sie. Wir fuhren los, aber mein Renner konnte nur schleichen, so neblig, verschneit und vereist war die Nacht. Eigentlich sollte das Baby in Berlin-Pankow zur Welt kommen, das ist eine Stunde Autofahrt und war nicht mehr zu schaffen. Es hätte zu uns gepaßt, wäre das Kind auf der Autobahn gekommen! Peter wendete auf dem veschneiten Grünstreifen – was damals möglich war – und kehrte um, das nächste Krankenhaus liegt in Rüdersdorf. Wieder einmal hat mein lieber Gott auf mich aufgepaßt. Der diensthabende Arzt, MR Dr. Priemer, hatte den Mut, ohne mich und den Verlauf der Schwangerschaft zu kennen, trotz Steißlage mich Uraltgebärende – ich war schließlich fast 40 – mein Kind völlig normal kriegen zu lassen. Prima, Herr Priemer! sagte mein Renner, fuhr nach Hause, trank erst mal Sekt, der nach der durchwachten Nacht sofort wirkte, und verständigte dann die glücklichen Großeltern. Ich war froh, daß sie keine Zeit hatten, sich Sorgen zu machen. Glückwünsche kamen in Hülle und Fülle, wer mich kannte, wußte, wie glücklich ich war. Nur meine Schwägerin Gaby, die sich von meinem Bruder und ihrer Tochter, Julia war 10 Jahre, getrennt hatte, ließ gegenüber Kollegen verlauten: Die schafft auch alles – die bekommt sogar noch ein gesundes Kind!

Sieben Wochen nach der Entbindung stand ich mit Peter Wieland wieder auf der Bühne. Und immer das gleiche Spiel in der Garderobe: Zog ich mich um, half mir Renner beim Öffnen und Schließen der Kleider, und Wieland hielt das Baby, sang ich auf der Bühne, lag Maxie in Renners Armen. Wir erlebten die unterschiedlichen Reaktionen. Die meisten waren überrascht: Daggi als Mutter – Wahnsinn! Einige wenige lauerten auf Streit zwischen Peter und Peter. Vergebens.

Fernsehtratsch

Fernsehen spielte immer eine große Rolle in meinem Leben „Kinomusik mit Dagmar Frederic" war, mit Wiederholungen, 18 x im Jahr auf dem Sender, viermal moderierte ich den „Kessel Buntes", drei Jahre lang machte ich je sechsmal „Musik, die Ihnen Freude bringt". In allen großen Sendungen war ich dabei, ob „Da liegt Musike drin" oder „Heute abend Nr. 1: Roland Neudert", mit dem ich ein Medley aus „My Fair Lady" sang. Ach ja und dann hatten wir doch diese herrlichen Rundfunksendungen „Alte Liebe rostet nicht", „Das müßte doch zu machen sein" oder für „7 bis 10 in Spreeathen". Die Proben dafür fanden zwischen 5 und 6 Uhr statt, häufig draußen, im Tierpark beispielsweise. Das machte mir überhaupt nichts aus, mich kann man zu jeder Stunde wecken, und die Stimme funktioniert. Viele Kollegen singen ja nicht so gerne vor 10 Uhr. Bestellt man mich um acht, singe oder spreche ich eben um acht.

Meine Stimme hat mehr Power als früher. Das verdanke ich guten Komponisten und Arrangeuren: Walter Kubiczeck, Hans Kunze, Gerhard Siebholz, Michael Hansen. Ich bin ein Fan von Shirley Bassey, wagte aber lange nicht, ihre Songs zu singen. Peter Wieland spielte sie mal auf dem Klavier, um mir zu beweisen, daß das gar nicht so hoch war, wie ich annahm. Gute Arrangeure wissen halt, in welcher Tonart die Stimme ihrer Protagonistin am besten klingt. Also wird in dieser Tonart arrangiert.

Meine Fähigkeit, zu singen und zu moderieren bewog Heinz Quermann, mir „Musik, die Ihnen Freude bringt" anzutragen. Diese Fernsehsendung folgte auf Petra Kusch-Lücks „Das ist Musik für Sie". Ich weiß nicht, warum sie das nicht weiter machen konnte, wollte oder durfte. Ich lehnte ab, weil ich mir nicht Petras Fans auf den Hals laden wollte. Erst als Eberhard Rohrscheidt, mit dem ich zu der Zeit auf Tournee war, mir zuredete, sagte ich zu: na gut, aber ich wollte mit Ebs gemeinsam. Horst Renz und DFF-Chef Adameck wollten keinen Kerl an meiner Seite. Ich insistierte so lange, bis sie einverstanden waren und Heinz Quermann die geniale Idee hatte, uns mit dem lustigen Buffo Petr Altmann aus Prag einen Komiker beizugeben. Es wurde eine schöne Sendung, wir durften singen, was uns gefiel. Damals gab es auch warnende Stimmen, Rohrscheidts seien nur so nett zu mir, weil sie sich Fernsehpräsenz erhofften. Quatsch, befand ich, wir sind so viel gemeinsam auf Tournee, wir sind Freunde! Nach der Wende ist er bei RTL eingestiegen, wozu ich ihm telefonisch gratulierte. Wir wollten uns doch nicht aus den Augen verlieren, hatten wir ausgemacht. Ich rief ihn an, auf meine Frage, warum meldest Du dich nicht mal? mußte ich mir anhören: es gibt eben Leute, die arbeiten. Eine menschliche Enttäuschung.

Natürlich gibt es Sympathien und Antipathien. Eine sympathische Äußerung von Antipathie erlebte ich mit Regina, die übrigens mit einer großen Stimme gesegnet ist. Eines Tages kam ich zum Friseur dem fabelhaften Salon von Doris und Peter Reschenberg und sah sie unter der Haube sitzen. Ich rief: Hallo! und setzte mich. Plötzlich sprang sie auf, zerrte sich die Lockenwickler aus den Haaren, warf Geld auf den Tresen und stürzte unfrisiert aus dem Salon. Das muß nach meiner dritten oder vierten „Meine Show" gewesen sein, als bei mir alles eitel Sonnenschein war. Na gut, Weiberkram.

Allein nach Shanghai

Eines Tages, es war 1988, rief der Chef des DDR-Fernsehens, Heinz Adameck, an: Es gäbe ein Festival in Shanghai, sagte er, und wir haben beschlossen, daß Du dorthin fliegst. Allein nach China! Renner, der das mitkriegte, fuchtelte mit den Armen: Nicht ohne mich! Ich übersetzte die Zeichensprache, Adameck befand nach einiger Zeit: Wir haben uns an Deinen neuen Kerl gewöhnt, soll er mit. Selbstverständlich auf eigene Kosten. Dann flogen wir zu dritt. Ein Aufpasser mußte mit.

Kurz bevor die Veranstaltung in Shanghai beginnen sollte, war der Saal noch leer, kein Mensch zu sehen. Peter ging auf die Straße und beobachtete Ungewöhnliches: Der Portier und ein Kollege öffneten das große Tor vor dem Fernsehstudio und leiteten alle Menschen, die gerade vorbeikamen, hinein, Menschen mit Beuteln, mit Kindern, mit Fahrrädern, Alte, Junge, Gebrechliche, Muntere. Die hatten keine Ahnung, worum es geht. Als alle Plätze im Saal besetzt waren, schlossen die Männer das Tor. Ein Mann trat vor den Vorhang und teilte dem unfreiwilligen, tuschelnden Publikum mit, um was es eigentlich ging.

Bedingung für die Teilnahme am Festival war, ein Lied in chinesischer Sprache zu singen. Wieder mal hatte ich Glück. Im Friedrichstadt-Palast gastierte vor meinem Abflug eine chinesische Artistentruppe, die mir beim Einstudieren geholfen hatte. Ich hab's auch verhältnismäßig gut gepackt. Nach der ersten musikalischen Probe in Shanghai trat eine chinesische Schönheit auf mich zu und ließ den Dolmetscher fragen, wo ich das gelernt hätte. Mir wurde leicht flau. Hatte man mir vielleicht einen unanständigen Text beigebracht? Herauskam, daß die Artisten aus einem Kanton stammten, in dem ein Dialekt gesprochen wird, den man in Shanghai beim besten Willen nicht versteht. Es war, als hätte ich mühsam Bayrisch gelernt und müsse nun Plattdeutsch singen. Der damalige DDR-Konsul in Shanghai, Roland Höfer, leider ist er an Magenkrebs gestorben, war ein Prachtmensch und kam mir selbstlos zu Hilfe. Er beherrschte 4.500 chinesische Schriftzeichen und lehrte mich binnen drei Tagen, das Lied so zu artikulieren, daß man mich verstand. Ergebnis: die „Goldene Kehle". Durch diesen Preis erhielt ich die Möglichkeit, im weiteren Verlauf des Festivals einen eigenen Showteil zu zeigen. Die Stimmung war euphorisch.

Beim anschließenden Bankett kam ein Fernsehboß auf meinen Mann zu und entschuldigte sich in echt asiatischer Manier. Leider hätten nur sehr wenige Chinesen diese Sendung sehen können, man würde sie aber wieder-

*Helga Hahnemann, Joe Bourne und Maxie
in der Garderobe des Friedrichstadt-Palastes*

*Zwei Showhasen im Gespräch:
Heinz Quermann und Fred Weyrich*

holen, es sei ihm so peinlich, einige Sender seien ausgefallen. Peter wollte es genauer wissen. Leider, leider nur 90 Millionen Zuschauer ...

China hat uns unglaublich beeindruckt. Diese Menschenmassen auf den Straßen! Wir kamen uns immer vor wie bei einer Mai-Demonstration. Einmal fuhr eine Schrankwand an uns vorbei. Als wir genauer hinsahen, entdeckten wir darunter einen Mann auf einem Fahrrad.

Auf dem Rückflug von Peking nach Berlin gab es in Moskau eine Zwischenlandung. Nachdem wir die russische Maschine wieder bestiegen hatten und auf den Start warteten, brausten Autos mit Blaulicht herbei, denen zwei Männer in Overalls entstiegen. Bewaffnet mit einem Buch und einem Metallteil, gingen sie durch das Flugzeug – sehr vertrauenerweckend! Inzwischen verteilte die schöne, rothaarige Stewardess Zettel mit zehn Fragen an die Passagiere und ordnete an: Revolutions-Quiz. Ich hatte keine Lust zu Revolutions-Quiz und ging auf die Toilette. Unser Begleiter, wir wußten, daß er uns von der „Firma" mitgegeben worden war, tauchte ebenfalls ab. Renner saß da mit drei Revolutions-Zetteln und beschäftigte sich artig mit Fragen wie: Wann wurde Lenin geboren? Wann erhielt wer den Orden der Völkerfreundschaft? und so weiter. Die Monteure hatten irgendwann ihre Arbeit getan, die Quiz-Zettel waren ausgewertet: Den ersten Preis, eine schön bemalte russische Holzkelle, bekam Dagmar Frederic. Den zweiten bekam unser Begleiter, den dritten Peter Renner. Die Holzkelle hängt noch immer in unserer Sauna.

In Schönefeld standen meine Eltern mit Maxie, von der wir ja das erste Mal so lange getrennt gewesen waren. Unsere süße kleine Tochter, gerade mal zwei, hatte eine fürchterliche Erkältung und begrüßte mich mit: Ni hau, Mami! Meine Mutti hatte kurz zuvor im Fernsehen bei André Heller, der einen chinesischen Zirkus präsentierte, gehört, daß „ni hau" Guten Tag oder Wie geht's heißt und das Maxie beigebracht. Da war's aus mit meiner Beherrschung. Ich schloß mein Kind in die Arme und heulte hemmungslos.

44

Apropos hemmungslos. Mein Problem an jedem neuen Gastspielort: Wo sind die Toiletten? Befinden die sich nicht in Bühnennähe, sterbe ich vor Angst, weil ich sie unweigerlich vor dem Auftritt brauche. Meine Musiker haben da schon die abenteuerlichsten Dinge mit mir erlebt. Einmal hielten sie mich an den Armen aus einem Fenster... Die Toiletten in Rußland allerdings haben mich geschafft. Es gab einen Witz damals: Was ist ein sibirisches Klo? Zwei Stöcke. Einen zum Wölfe verjagen, einen zum festhalten. Wo wir auch hinkamen, immer nur die beiden Fußtapfen mit dem kleinen Loch in der Mitte, und ich mußte das in großer Bühnenrobe bewältigen – entsetzlich!

Übrigens fand ich auch in China an der Großen Mauer so ein sibirisches Steppenklo. Ein halbes Jahr vor unserem Besuch waren sowohl Helmut Kohl als auch Erich Honecker im Land. Als wir den Dolmetscher fragten, wie man diesen heiklen Part der Staatsbesuche gelöst habe, lautete die verblüffende Antwort: Wir haben ihnen den ganzen Tag über nichts zu trinken gegeben.

„Auf Wiedersehn, Ihr Freunde mein ...“

Immer wieder holte mich der Friedrichstadt-Palast, so auch 1987 zum Jubiläum 750 Jahre Berlin. In dem Programm arbeitete ich mit Helga Hahnemann, Alfred Müller, Uli Lebich, Joe Bourne, einem Amerikaner, der in Holland lebt. Mit Joe sang ich ein Rock'n-Roll-Medley. In einer Szene hatte ich das Kind von Helga und Alfred zu spielen. Die Henne hatte mir eine Ohrfeige zu hauen. Sie kannte kein Pardon. Einmal tat sie das mit derartiger Verve, daß mir die Perücke vom Kopf flog. Helga war ein unglaublicher Lachwurzen, Alfred ist es auch, was man ihm gar nicht zutraut, und jeden Abend versuchten sie, sich gegenseitig aufs Glatteis zu führen, damit der andere sich aus dem Konzept lacht. Bei dieser Szene standen sogar die Mitarbeiter des Hauses, die schon viel erlebt hatten, in der Seitengasse, weil allabendlich etwas Unvorhergesehenes passierte.

164 Vorstellungen haben wir gemacht, ich teilte mit der Henne eine dieser winzigen Friedrichstadt-Palast-Garderoben, und das war schon Überlebenstraining. Vorangestellt sei, daß Helga uns an vielen Ecken fehlt. Sie war eine großartige Frau. Es kam öfter mal vor, daß sie, ungeschminkt wie Tante Mumpert, vor unserer Tür in Woltersdorf stand und quatschen wollte, sie wohnte ja unweit von hier, in Schöneiche. Aber sie konnte auch recht kratzbürstig sein. Einmal hatte sie sich wunderschöne Ohrgehänge gekauft, die einfach nicht zu ihrem kurzen Hals paßten. Die überließ sie mir, natürlich für Geld, um dann bei jeder Gelegenheit, bei denen ich die Ohrringe trug, lauthals freche Bemerkungen zu machen. Ein andermal legte ich mir eine Blaufuchsjacke zu (wer gegen Fell ist, soll auch gegen Lederschuhe sein, ich bin die Tochter eines Tierparkdirektors und weiß, wovon ich rede), und die kleine, dicke Henne wollte umgehend auch so eine Jacke, schwenkte aber rechtzeitig auf einen schwarzen Nerzmantel um. Um mich immer wieder mit Blick auf meine Jacke zu fragen: Findste nich, daß Dich det mächtig alt macht?

Mit dieser Frau konnte man die berühmten Pferde stehlen. Und sie hatte ein großes Herz, jeder konnte sich bei ihr ausheulen, für jeden fand sie das richtige Wort. Sie wurde auf der Bühne umjubelt, ging stets mit den Armen voller Blumen ab – und war doch furchtbar allein. Zu Hause begrüßten sie nur ihre Katzen. Sie kam sicherlich ganz gut allein zurecht, doch niemand, glaube ich, kann damit leben, Erfolg und Freude nicht mit jemandem zu teilen. Häufig war ich ihr Blitzableiter. Und es gab haarige Auseinandersetzungen, nach denen ich heulend nach Hause fuhr. Einmal hat sie mich am Abend, bevor wir in die Ferien gingen, beschimpft: Du Schlagerfuzzi, wer bist Du denn überhaupt! Auch das Ballett hat sie angefetzt. Und als sie nach dem Urlaub grunzte: War wohl nich so

dufte, wat ick da abjelassen hab, wa Alte, kannste mich
noch leiden? da war alles wieder in Ordnung. Sie spürte
genau, daß sie zu weit gegangen war. Und ich wußte, es
hätte nichts genützt, an jenem Abend mit ihr zu reden.
Mein Mann wunderte sich häufig darüber, was ich mir
alles von ihr gefallen ließ. Ich blieb dabei: Niemandem
auf dieser Welt würde ich erlauben, so mit mir umzu-
springen. Sie durfte es. Und darüber bin ich heute, da sie
nicht mehr lebt, sehr froh.

Da fällt mir ein – was man sich leichtfertig so einhandeln
kann: Auf einem Gastspiel in Moskau sang ich „Auf Wiedersehn, Ihr Freunde mein". In feucht-fröhlicher Runde
bat mich Strucki: Das muß Du bei meiner Beerdigung
singen, Daggi! Unter Aufbietung aller Kraft erfüllte ich,
gemeinsam mit Peter Wieland, mein Versprechen. Da
meinte Henne: Das war schön, das singste auch zu meiner Beerdigung. Mein Gott, wer hätte gedacht, daß es so
schnell gehen würde!

Seit meinem dreißigsten Lebensjahr habe ich zuweilen
arge Rückenprobleme. Die Schmerzen sind so stark, daß
ich nur krumm gehen kann. So auch vor dieser Premiere
im Palast. Mein Renner rief Dr. Glaubitt an, den Spezia-
listen in unserer Gegend. Ein Kleiderschrank von Mann
kam, kniete sich auf mich und knackte mich – Peter
dachte, er bringt mich um. Dann noch eine Spritze in
den betreffenden Wirbel, und alles ist gut. Sie müssen
sich schonen, sagte Dr. Glaubitt, weil ich weder noch mal
spritzen, noch Sie ein weiteres Mal einrenken kann. Ja, ja,
sagte ich und ging zur Probe, tanzte und sprang wie
immer herum. Am Morgen des Premierentages konnte
ich nicht mal aufstehen. Ich flehte Dr. Glaubitt so lange
am Telefon an, bis er kam und die Prozedur wiederholte.
Während der Premiere saß er beim Inspizienten, um auf
mich aufzupassen. Er tat das Unmögliche, gab mir in der
Pause noch eine Spritze, so daß ich bis zum Ende durchhalten konnte.

1988 bekam ich die große Chance, beim Fernsehen für
das Samstagabendprogramm eine Folge von „Heute
abend Nr. 1 ..." zu machen mit dem Untertitel „Meine

Freunde und ich". Die Vorbereitungen gerieten zur Katastrophe, weil Redakteur und Regisseur erkrankten und wir über Nacht das Drehbuch schreiben mußten. Peter und ich fuhren zur Aufzeichnung nach Hoyerswerda in dieses sehr schöne Kulturhaus. Das Fernsehballett war da, als Gäste Anke Launtenbach (ich finde, sie singt schwärzer als Jennifer Rush), Joe Bourne aus Holland, Tatjana Seifert mit ihrer Harfe, Walter Kubiczeck, Michael Hansen, Max Reichelt. Die Proben liefen, mein Orchester, der Erbe-Chor und ich, wir machten alles live, nicht einen Ton Playback, ich dummes Ding. Laut Plan probierten wir Dienstag und Mittwoch, Donnerstag sollte Generalprobe und Aufzeichnung sein, Freitag nochmal eine Aufzeichnung. Donnerstagmittag kamen wir aus unserem Hotel in Cottbus, mein Renner guckte sich draußen noch mal die Reklame an, Joe und ich gingen in unsere Garderoben, es war ein ruhiger, streßfreier Tag. Plötzlich rutschte ich mit der Seitenkante meines Schuhs ab, fiel hin so lang, wie ich bin, und knallte mit der linken Kopfseite an den Beton-Türpfosten. Eine Ankleiderin fand mich, holte den Kameramann – beide waren fassungslos, überall nur Blut. Die Sendung können wir vergessen, – dachten alle.
Es ging mit Blaulicht ins Krankenhaus, dort wurde geröntgt, ein feiner Riß im Schädelknochen festgestellt, mit sechs Stichen die Wunde genäht. Jetzt hatte ich also wirklich einen Riß in der Schüssel ... Der Arzt verordnete mir 14 Tage strenge Bettruhe. Geht nicht, sagte ich, heute abend muß ich live singen. Das Team faßte es nicht. Ich unterschrieb eine entsprechende Erklärung, man wusch mir noch auf dem OP-Tisch die blutverklebten Haare. Peter fuhr mich zurück zum Kulturhaus. Wo ich erst mal die besorgte Mannschaft wieder aufrichten mußte. Gebt mir eine Stunde, dann geht's weiter! ermunterte ich sie. Auf der Probe wurde Joe Bourne unter seiner dunklen Haut immer fahler, weil er mit mir ein Duett singen mußte und seinen Blick nicht von dieser Stelle lösen konnte. Am Abend fönte Dieter Stein, der jahrelang mein Maskenbildner war, meine Haare so toll, daß nichts zu sehen war.

48

Geschafft! Letztes Abhören unserer 1. CD:
Michael Hansen, Fred Weyrich, D. F. und Peter Renner

Verleihung des „Goldenen Kleeblattes":
Wirt, Otfried Lauer, Wolfgang Gruner, Hartmut Wallbrecher,
Horst Dohm, Rudi Schröder, Horst Buchmann
und Gustav Büchsenschütz

Alles ging gut. Erst als ich die Perücke aufsetzte, da ich ja auch eine Puppenmutti spielte, hab ich gelitten. Beim Finale atmeten alle hörbar auf. Wäre ich umgefallen, niemanden hätte es gewundert. Regine Daum, die Choreographin, und Kostümbildnerin Brigitte Kleinbauer bedankten sich bei mir – sie hätten nicht gewußt, daß Menschen so stark sein können. Das hat mich tief gerührt.

Eigentlich gehörte ich nach dieser Nummer endlich ins Bett. Doch hatte ich Heinz Quermann versprochen, zur Livesendung „35 Jahre Schlagerrevue" nach Leipzig zu kommen. Die Fahrt auf der miserablen Straße von Cottbus nach Leipzig war schlimm für mich. Aber dann ging alles wunderbar. Ich sang „Bunte Wagen" und bewegte mich dabei wie immer. Ich sah sogar fabelhaft aus. Mein Renner behauptet ohnehin, ich sähe am besten aus, wenn es mir schlecht geht. Dann allerdings kam zu Hause der Zusammenbruch. Ich blieb wirklich drei, vier Tage liegen.

Wir brauchen keine Stars!

Es gibt aus der DDR-Zeit nur eine Langspielplatte und zwei Singles von mir, aus der Ära Uhlenbrock zwei LP. Auf Musical- und Evergreenplatten bin ich auch zu finden. Der Amiga-Chef behauptete, ich sei zwar eine gute Live-Sängerin, aber für Platten müsse er sich um die jungen Leute kümmern. Schallplatten waren ja kommerziell überhaupt nicht interessant, sondern nur für's Ego gut. Ich bekam für einen Titel 500 Mark, für eine Platte höchstens 3000 Mark, davon gingen zwanzig Prozent Steuern ab. Eigentlich war es ein Unding: In einem Lexikon der Unterhaltungskunst steht, ich sei die DDR-Sängerin mit den meisten Festivalpreisen – und dann hatte ich nicht mal eine aktuelle Platte von mir!

Im Ausland wurde ich oft angezählt als Rote. Einmal hatte ich eine Veranstaltung in Hamburg und besuchte bei dieser Gelegenheit Verwandte, die ein Jubiläum feierten. Dazu waren all jene eingeladen, die man so braucht: der Bankdirektor, der Steuerberater und ähnliche. Ich würde meinen Bankdirektor heute noch nicht einladen, wenn er ein fieser Möpp wäre, aber nun gut. Dieser war es, und der diskutierte mit mir permanent: Sie haben Ihren Mann mit, Ihr Auto, Ihre Kleider, Ihre Noten – wie können Sie denn zurückgehen in dieses Gefängnis, in dem man nicht atmen kann! Ich fand das eine Unverschämtheit, schließlich hatte dieser Mann die DDR noch nie betreten. Und nie hat es für mich die Frage gegeben, ob ich gehe oder bleibe. Meine Familie lebte hier, ich hatte mein Publikum – hier war ich zu Hause.

Privilegien, die hatte ich, auch bei meinem Fleischer. Freitags, wenn ich zu ihm kam, drückte er mir ein Paket in die Hand, für das ich mindestens 45 Mark zu zahlen hatte. Meine gesamte Verwandtschaft und Bekanntschaft konnte ich mit Schweinslendchen oder Zunge versorgen. Nie hätte ich gewagt, das einmal nicht anzunehmen! Wir wußten auch, daß wir Künstler eine ganz kleine gesegnete Gruppe waren. Ich durfte seit 1969 in die Welt reisen und konnte dabei Bekanntschaften vertiefen, die ich hier mit West-Künstlern machte. Von denen gab's ja auch so'ne und solche. Alle bekamen hier unverhältnismäßig viel Geld, mit dem sie angeblich nichts anzufangen wußten. Und dann verließen sie unser Land mit Bechstein-Flügeln und Meißner Porzellan. Beneidet haben sie uns allerdings um unser Steuereldorado. Heute verstehe ich das: Nur zwanzig Prozent Steuern, ganz gleich, wieviel man verdiente! Günther Simon, Erik S. Klein, Herwart Grosse und einige andere Große haben uns Anfang der Siebziger Jahre davor bewahrt, progressiv versteuert zu werden. Günther Simon, als Sprecher dieser Gruppe, drohte, nur noch bis zu einem bestimmten Zeitpunkt zu arbeiten, sollte das passieren. Und mal ehrlich: Nirgendwo auf der Welt konnten Künstler so viel arbeiten wie in unserem kleinen Land. Es gab doch dauernd irgendeine Veranstaltung, einen Gedenktag – den Tag des Bergarbeiters, Tag des Lehrers, Tag des Gesundheitswesens und was weiß ich noch. Und ich finde überhaupt nichts Verwerfliches an staatlich oder betrieblich verordneter Kultur. Damals wie heute begreife ich meinen Job als Dienstleistung: Wir bieten unserem Publikum für eine oder zwei Stunden Freude, Entspannung und Illusionen.

So war es auch am 1. November 1986 bei meinem vierten „Kessel Buntes". Der stand unter dem Motto „Die Jagd". Danach wünschte Herr Honecker persönlich, daß ich das Bankett nach der Hasenjagd in Magdeburg gestalte. Geladen war das gesamte Diplomatische Corps samt Doyen, alle Regierungsmitglieder, die sich für's Weidwerk interessierten. Honeckers Protokollchef Franz Jahsnowski, ein hinreißend netter Mensch, kam extra deshalb zu uns, um mir bei einem Adventskaffee zu erzählen, daß E.H. mich in derselben Klamotte wie im „Kessel" zu sehen wünsche. (Übrigens fragte mich später die Frau eines Sprecherkollegen pikiert: Wieso machst Du das, Du bist doch gar keine Sprecherin? Nach der Wende lautete die Lesart von derselben Dame: Na ja, die ist ja sogar zur Staatsjagd aufgetreten, so was hat mein Mann nie gemacht!) Als wir hinkamen und ich nach meinem Text fragte – ich hatte wirklich geglaubt, bei so einem Anlaß ist alles bis ins i-Tüpfelchen vorgeschrieben –, hieß es: Text? Das ist doch Ihr Problem! Also zog ich mich mit Peter ins Hotelzimmer zurück, um über die Moderation nachzudenken. Sicherlich wußte man vorher, was ich sagen würde, denn das Zimmer war bestimmt verwanzt. Aber damit rechneten wir ja. Mir graute vor dem unvermeidlichen, offiziellen Mammuttitel „Generalsekretär der Sozialistischen Einheitspartei Deutschlands und Vorsitzender des Staatsrates der Deutschen Demokratischen Republik". Ich ersetzte das durch „Lieber Genosse Honecker". Gott sei Dank, er freute sich, das hätte schief gehen können! Und die Welt stürzte nicht ein. Der Raum war winzig. Ich stand nur zwei Meter von E.H. entfernt, und meine Band, verdeckt von Tannenbäumen, klebte an der Wand. Erich sang alles mit, von „Ein Freund, ein guter Freund" bis zu

„Liebling, mein Herz läßt Dich grüßen". Und bei „Auf Wiedersehn, Ihr Freunde mein" standen alle auf und sangen. Derartige Auftritte wurden zwar eher schlechter honoriert als andere, doch vor dem Diplomatischen Corps zu singen, betrachtete ich damals als Ehre.

Oder wenn mich das Büro des Kulturministers anrief und empfahl, mich vom 5. bis 10. Januar bitteschön freizuhalten, weil ich in der Dynamo-Halle engagiert sei, dann war mir und jedem anderen, der einen ähnlichen Anruf bekam, klar, daß wir bei Mielke diese Dynamo-Feste kulturell umrahmen. Als Petersilie sozusagen, denn das Spanferkel hieß Karel Gott oder Rexy Hexy. Die übrigens pro Abend mindestens das Zehnfache meiner Gage bekamen. Die einen wurden umworben, wir waren die Kumpels. Da fühlte man sich, mit Verlaub, ganz schön beschissen.

Es wurde schon darauf geachtet, daß unsere Bäume nicht in den Himmel wuchsen. Wir brauchen keine Stars! tönte mal offiziell eine Mitarbeiterin des ZK. Im Ausland sollten wir zwar die DDR repräsentieren, da konnten wir nicht schön und gut genug sein. Reiste ich zu Festivals ins Ausland – wir hatten ja immer einen Troß von Begleitern mit, hofierten sie mich, wollten mit mir fotografiert werden, trugen meine Koffer, rissen mir die Türen auf, konnten gar nicht genug Kavalier sein. Kaum in Schönefeld gelandet, war alles dahin, ich konnte sehen, wie ich mit meinem Gepäck zurechtkam. In der DDR brauchten wir keine Stars.

Natürlich bedrängte mich die SED, aber ich wollte nicht, weil mir die geforderte Parteidisziplin mißfiel. Versammlungen und Reglementierungen sind nichts für mich. Ich trat 1978 in die LDPD ein, die Liberal-Demokratische Partei Deutschlands, der viele Künstler angehörten. Ich schätzte Parteichef Manfred Gerlach sehr und wurde nicht enttäuscht. Alle acht oder zehn Wochen trafen wir uns im Grünauer Café Liebig in einem separaten Raum – Ruth Quermann organisierte diese Treffen – und diskutierten. Manfred Gerlach erzählte uns Dinge, die in keiner Zeitung standen. Er half mir, vieles klarer zu sehen und im Ausland zu argumentieren. Ich war so lange Mitglied dieser Partei wie er, weil alle überall austraten, mußte ich das noch lange nicht. Ich wollte ausprobieren, wie es geht mit der FDP. Erst 1993 habe ich die Partei verlassen.

Als ich zur stellvertretenden Präsidentin des Komitees für Unterhaltungskunst berufen wurde – Präsidentin war Gisela Steineckert – hab ich nicht lange überlegt. Ich habe das gern gemacht, weil es mir immer schon ein Bedürfnis war, mich für andere einzusetzen. Mal einem Kollegen in Suhl einen Telefonanschluß zu besorgen oder einem, der schon 14 Jahre auf ein Auto wartete, dazu zu verhelfen, mal eine Wohnung vermitteln oder ähnliches, solches Engagement hatte einen Sinn. Auch als Mitglied der Honorarkommission beim Ministerium für Kultur konnte ich einiges bewegen. Da ging es um Einstufungen, also um Honorare. Eigentlich war es schizophren, was da getrieben wurde. Gerade in diesem Geschäft sollten doch Angebot und Nachfrage den Marktwert bestimmen. O.F. Weidling sagte mal, wir seien eingestuft wie die Eier, A, B, C, nur waren bei uns C die Großen. Opernsänger zum Beispiel befanden in dieser Kommission, ob eine kleine Schlagersängerin 75 Mark oder mehr nehmen dürfe für ihre Arbeit. Wer mehr als 300 Mark wert war, entschied der Kulturminister höchstselbst. Natürlich ist ein soziales Netz wundervoll. Entscheidet man sich jedoch gegen seine feste Anstellung, also für die freie Wildbahn, darf man nicht auf finanzielle Unterstützung rechnen. Ich begriff das als ungeheuren Motor, weil das nicht so war, gab es ja in der DDR so viel Mittelmaß. Andererseits wurde durch diese soziale Sicherheit auch das Niveau relativ hochgehalten.

Es gehörte auch zu den Aufgaben dieser Kommission, auf das Aussehen der Künstler zu achten. Wobei, wie so oft, zuweilen mächtig übertrieben wurde. Was gab es für einen Aufstand, als Jiři Korn mit einem Brillanten im Ohr im „Kessel" auftreten wollte! Er mußte ihn tatsächlich rausnehmen. Vor oder nach ihm arbeitete ein Zauberkünstler mit einem Huhn. Als Jiři von der Bühne kam,

Deutsches Fernsehballett in „Meine Show"

„Show-Dancers" aus Prag in „Meine Show"

wollte er seinen Brilli wieder einstecken und fand ihn nicht. Hektisches Suchen begann, jeder argwöhnte, das Huhn hätte ihn gefressen. Die Aufnahmeleiterin lief den ganzen Tag mit einer Schaufel in der Hand hinter dem Huhn her.

Es war unausgesprochen, daß diese Kommissionen auch als eine Art Müllhalde zu begreifen waren: Jeder konnte sich beschweren, seinen Frust ablassen. Es hat zwar nichts genutzt, hat aber auch keinen Schaden angerichtet, weil es lokalisiert blieb. Gisela Steineckert konnte vielen helfen. Bekam ein Chansonsänger Auftrittsverbot, sorgte sie dafür, daß das aufgehoben wurde. Was natürlich nur funktionierte, indem sie zu Kurt Hager ins ZK lief und mit dem redete. Heute werfen ihr dieselben Leute genau das vor. Dabei war das doch oft der einzige Weg. Ich mag Leute nicht, die so tun, als seien sie früher verfolgt worden und hätten nie gelebt. Oder solche, die einst Hilfe suchten und ihre Helfer heute anschwärzen. Wir haben uns unter dieser Käseglocke arrangiert. Wir gossen unsere Hecken, damit sie wachsen und unsere Nische abschirmten.

Auf die Barrikaden könnte ich gehen, kommen schlaue Wessis daher und wissen, wie sie alles geregelt hätten. Ich erinnere mich an eine Veranstaltung in Goslar. Es war der 23. September 1989, die Leute verließen in Scharen über Ungarn die DDR. Ich erntete einen Lacherfolg, als ich auf der Bühne sagte, woher ich komme und daß man keine Angst haben solle, ich würde dorthin zurückkehren. Und am späten Abend wurden wir bei einem Bankett von den begleitenden Gattinnen gefragt, wieso wir uns das alles gefallen ließen und nicht auf die Barrikaden gingen? Sie warfen uns vor, wir seien angepaßt – na, vielen Dank, angepaßter als heute geht's doch gar nicht! Es traut sich doch niemand, gegen die herrschende Meinung aufzutreten! Wer wagte es denn, gegen seinen Chef aufzumucken? Beim Abschied rief uns Katja Ebstein über die Tanzfläche hinweg aufmunternd zu: Macht Euch keine Sorgen, nach dem nächsten Parteitag im Januar wird sich alles wieder einrenken!!!!

Am 6. Oktober 1989 gab es im Palast der Republik die bewußte große Gala zum 40. Jahrestag der DDR, von der Jochen Kowalski sagte, sie sei die teuerste Totenfeier der Welt gewesen. Was in der Kunst Rang und Namen hatte, war dort. Am Bühneneingang war alles abgesperrt, so daß ich von der Massendemonstration vor dem Palast gar nichts mitbekam. Erst als ich Antje Garden in Tränen aufgelöst in der Garderobe vorfand, begriff ich die Situation. Die Stimmung war wie auf der „Titanic", dennoch wäre niemandem von uns die Idee gekommen, daß es sich um die letzten Stunden dieses Staates handeln würde. Im Gegenteil, alle fürchteten eine Eskalation. Fürchteten, daß eine Schießerei losgeht, macht einer nur das Maul auf.

4 Wochen später, am 4. November, nahmen Peter und ich an der großen Berliner Demonstration teil. Zufällig trafen wir Antje Garden, die mit ihrem Mann Rainer gekommen war. Unter den 750 000 Menschen, die den Rednern auf dem Alex lauschten, herrschte eine Aufbruchstimmung, die das Ende einer politischen Ära, das Ende der DDR, ahnen ließ. Was würde die Zukunft mitsich bringen?

Gute Butter und solide Lehre

Meine Großeltern väterlicherseits bewirtschafteten vor dem Krieg in Eberswalde eine Gaststätte, genau dort, wo heute der Tierpark steht. Es war ein großes Ausflugslokal, in dem zu Ostern und Pfingsten 25 Kellner arbeiteten, tausend Stühle gab es sicherlich. Besondere Attraktion der Gaststätte bildete ein Tiergehege. Mein Vater, 1923 geboren, wurde im Internat erzogen; das war nicht nur bei besseren Leuten opportun, sondern es hätte ohnehin daheim niemand Zeit gehabt für das Kind. Im Januar 1945 steckten Nazis die Gaststätte meiner Großeltern an und erschossen alle Tiere. Oma verbuddelte, was sie finden konnte, um es vor Plünderern zu retten. Was dennoch nichts nützte. Ein Lebenswerk war perdu. Aber das ging ja vielen so.

Ich wurde am 15. April geboren, am 20. standen die Russen in Eberswalde. Mutti konnte mich nicht stillen, ob es der Schock durch den Brand war oder die Bombennächte, ich weiß es nicht. Daß ich so ein properes Kind geworden bin, verdanke ich Bäckermeister Häberle aus unserer Straße. Der hatte ein Schaf und gab meiner Mutter pro Woche eine Tasse Milch, die diese mit über der Kerze erwärmtem Muckefuck und Wasser streckte. Die Familien waren sich lange noch gut, meine Eltern waren Häberles natürlich unendlich dankbar dafür.

Großvater Bruno und Onkel Gerry mußten in Gefangenschaft, kamen jedoch nach relativ kurzer Zeit zurück. Vati hingegen verbrachte vier Jahre in Sibirien. Zu Fuß wanderte der Troß dorthin.

Meine Großmutter Marta, die Gastwirtin, die sich durch beispielhafte Geschäftstüchtigkeit auszeichnete, hielt daheim unsere kleine Familie über Wasser. Sie verkaufte, was wir entbehren konnten und ging stoppeln. Zusammen mit meiner Mutti eröffnete sie kurz nach Kriegsende in Spechthausen, einem Ort bei Eberswalde, eine kleine Gaststätte.

Marta Schulz war zudem eine kommunikative und sehr musikalische Frau. Ihr Sohn Günter, also mein Vater, hatte diese Musikalität geerbt und sang einst bei dem Orchester Otto Kermbach. Durch die Erlebnisse in Krieg und Gefangenschaft ist ihm die Stimme abhanden gekommen. Nie habe ich ihn singen hören. Oma aber sang hinreißend. „Es steht ein Soldat am Wolgastrand, hält Wache für sein Vaterland" – mit diesen und anderen schönen Liedern bin ich großgeworden. Als ich zehn wurde, schenkte mir Omi ein Akkordeon. Darauf spielte ich, auch im Gastraum, trällerte ein paar Liedchen. Vielleicht war es der Pfarrer, der mich hörte und meine Stimme ganz hübsch fand, ich durfte jedenfalls ein paar Jahre hintereinander am Heiligen Abend in der Kirche

„Vom Himmel hoch, da komm ich her" singen. Die anderen Kinder führten ein Krippenspiel auf. Ich genoß diese Atmosphäre. Bekam zwar keinen Applaus, aber jedes Mal ein neues Kleid.

1948 kam mein Onkel Gerry aus der Gefangenschaft, den ich als Vater ansah – es war halt der Mann, den alle freudig begrüßten. Aus Afrika brachte er mir winzige Lederschnürschuhe mit, die ich lange gehütet habe. Mein Vater kehrte 1949 zurück, mit fehlendem Mittelfinger, rausgeschlagenen Zähnen, einem schweren Rückenleiden. Als junger Mann war er losgezogen, eine Frau und ein zehn Tage altes Baby zurücklassend. Was er vorfand, war ein selbstbewußtes, verwöhntes vierjähriges Kind. Ich glaube, wir haben es uns gegenseitig schwergemacht, uns zu mögen.

1950 wurde mein Bruder geboren. Unsere Großfamilie – die vier Großeltern, Onkel Gerry mit Tante Eka und zwei Töchtern, meine Eltern, Achim und ich – lebten dicht beisammen in Spechthausen. Vati arbeitete als Nachtwächter, in einer Schuhfabrik, als Holzfäller. Mit seiner kaufmännischen Lehre ließ sich zunächst nichts anfangen. 1958 bekam er das Angebot seines Lebens: Die Stadt Eberswalde fragte, ob er das Werk seines Vaters fortsetzen und auf dem Gelände der einstigen elterlichen Gaststätte einen Tierpark errichten wolle. Günter Schulz sagte zu und ging ans Werk. Entwarf Pläne für Häuser und Gehege, befaßte sich mit Tierhaltung und Tierpflege, mußte lernen, Menschen zu führen. In Erinnerung geblieben ist mir die große Solidarität der Eberswalder. Damals gab es das Nationale Aufbauwerk, unter dessen Schirmherrschaft Bürger, die in der Woche hart arbeiteten, am Wochenende Nützliches für ihre Stadt, ihr Dorf schufen. Die Eberswalder Bürger bauten ihren Tierpark. Hoben Gräben aus, schnitten Holz, setzten Zäune, gossen Fundamente. Meine Mutti und ich kochten Kaffee und schmierten Stullen. Täglich liefen wir von Spechthausen nach Eberswalde, was gruselig war, ging doch der Weg durch einen Wald, in dem eine Funkstation der sowjetischen „Freunde" stationiert war. An die Angst meiner

Eltern, bis alle wieder heil zu Hause waren, erinnere ich mich noch gut. Sie hatten wohl ihre Erfahrungen. Später konnten wir ein Einfamilienhaus im Tierpark beziehen.

Es war ein stolzes Gefühl, als am 14. September 1958 der Tierpark endlich eröffnet wurde. Aber dann ging die Arbeit erst richtig los. Es wurde der nächste Familienbetrieb. An der Kasse saßen abwechselnd Opi, Mutti und ich. Es mußten Eichhörnchen, Rotwildkälber oder Nasenbären aufgezogen werden, wenn sie von ihren Müttern nicht angenommen wurden, fütterten wir sie mit der Flasche. Immer wieder brachten uns unvernünftige Leute ein Rehkitz in der Annahme, die Mutter habe es verlassen. Dabei stand die wohl nur in der Nähe und wagte sich nicht ran. Es war eine aufregende Zeit, in der sich mein Herz und meine Seele sehr entwickeln konnten.

Familie Schulz war bekannt in Eberswalde. Was für mich auch eklatante Nachteile hatte. Stand ich mit einem Jungen an der Ecke, wußten das meine Eltern, noch bevor ich zu Hause eintrudelte. Einmal hat mein Vater mich verprügelt: Ich war etwa 12, als er mich, ziemlich leichtbekleidet, mit Bengels rauchend in einer Scheune fand. Nicht, daß ich mit Jungen zusammen war, nicht daß ich geraucht habe, sondern daß ich in einer Scheune geraucht habe, brachte ihn auf die Palme. Und mich machte wütend, daß er mich vor meiner Freundin schlug. Wobei er natürlich Recht hatte mit der Strafe.

Ach ja, meine Omi konnte sich furchtbar aufregen, wenn ich bei meinen Freundinnen Elfriede oder Gisela Margarinestullen aß, die mir unglaublich gut schmeckten. Schließlich sorgte sie dafür, daß es bei uns immer gute Butter gab. Meist hatte ich aber gar keine Zeit für Besuche bei Freundinnen. Als wir die Gaststätte hatten, da war ich 11, 12 Jahre alt, stand in der Küche, drehte Bouletten, rührte Mayonnaise, schälte Kartoffeln. Natürlich war ich damals stinksauer drüber, aber ich hab auch viel gelernt zum Thema Küche und Hauswirtschaft. Und als meine Mutti dann im Tierpark eingespannt war, konnte ich den Haushalt machen: putzen, kochen, waschen.

Mit den „Hamburg-Dancers" in der Fernsehsendung:
„Fröhlich eingeSchenkt"

Friedrichstadt-Palast-Ballett

So richtig wußte ich nicht, welchen Beruf ich lernen sollte. Den einer Lehrerin konnte ich mir noch am ehesten denken. Was sich mein Vater, heute bin ich ihm dankbar dafür, einfach nicht vorstellen mochte. Ich hab nicht sonderlich opponiert, wir einigten uns auf eine Apothekenlehre. In der Hirsch-Apotheke in Eberswalde arbeitete einst schon Mutti, und zu dem sehr gestrengen Chef gab sie mich. Wir Stifte mußten uns siezen (nach dem Motto: Es sagt sich nicht so leicht Sie Ochse wie Du Ochse), wenn der alte Herr oben mit seinem Stuhl rückte, spritzten wir wie die Kaninchen los an die Arbeit. Andererseits hatte ich einen Vertrauensvorschuß, weil er mich von klein auf kannte. Herr Becker ließ mich Dinge tun, die einer Apothekenhelferin gar nicht zustanden, unter seiner Aufsicht durfte ich Zäpfchen gießen, Salben rühren, Pillen drehen. Hatte er besonders gute Laune, spendierte er einen Schnaps vom Selbstgebrannten. Ich habe bei ihm eine sehr lehrreiche Zeit gehabt.

Eines Tages traf der Direktor der Musikschule, Herr Rauch, den Direktor des Tierparks, Herrn Schulz, in der Eisdiele. Sagte Rauch zu Schulz: Du hast doch mal erzählt, Deine Tochter könne drei Töne singen. Wir haben eine Lehrerin, die nicht ausgelastet ist, schick Dagmar doch mal vorbei.

Ich trabte also zu Frau Rosenberg, sang ihr vor „Sah ein Knab' ein Röslein stehn" und „Suliko". Frau Rosenberg aus Berlin, eine sehr schöne, ganz kleine, elegante Jüdin mit gefärbten Haaren, unterrichtete mich fortan. Sie war mein erster Kontakt mit der großen, weiten Welt. Jahre später erzählte sie mir, daß sie mich nur genommen habe, um nicht völlig tatenlos dort rumzusitzen. Sie gestand mir ihren ersten Eindruck von mir: Die sieht ja ganz gut aus – wenn die nun noch singen könnte … Ich war wieder mal meinem Herrgott dankbar, daß sie das damals für sich behalten hat, ich wäre doch nie wieder hingegangen! So aber besuchte ich fleißig ihren Unterricht, der ja nichts kostete. Als Frau Rosenberg merkte, die Stimme gibt doch was her, wollte sie aus mir einen Mozart-Sopran machen, was ich nicht wollte. Wir trennten uns.

Es war wohl 1965, als ich das erste Mal zum Vorsingen nach Magdeburg fuhr, um den Berufsausweis als Sängerin zu bekommen. Dort wurden Auftreten, Ausstrahlung, Stimme beurteilt. Ich sang Negro Spirituals und Gershwin und fiel durch. Schriftlich gab man mir: Sie eignet sich nicht für den Beruf als Schlagersängerin. Gesang solle ich studieren mit dem schönen Sopran. Nun wußte ich immer schon genau, was ich nicht wollte, das wollte ich nicht: fünf Jahre Gesang studieren.

Wie jede größere Stadt leistete sich auch Eberswalde ein Unterhaltungsorchester, das Max Reichelt leitete. Er war es, der Bärbel Wachholz, Marion Velten, Britt Kersten entdeckte. Ich durfte also dort singen, auch ohne Berufsausweis. Ich war eine 17jährige Apothekenhelferin und sang wie eine Operettendiva „Meine Lippen, die küssen so heiß ...“ Pro Konzert bekam ich 25 Mark, fünf bis sieben Konzerte gaben wir pro Monat. Verglichen mit meinem 200-Mark-Gehalt in der Apotheke viel Geld.

Nebenbei nahm ich weiterhin Gesangsunterricht, nun bei Fräulein Grünert. Sie hatte einen wunderschönen Alt. Eine junge Frau, gehbehindert, die mir sehr imponierte. Sie führte mich ein in die Welt der Lieder und Arien.

Einmal gab Max Reichelts Orchester ein Konzert in Finowfurt. Engagiert war Peter Wieland. Er war damals schon sehr bekannt – als studierter Opernsänger, der in Neustrelitz und Berlin am Theater gearbeitet hat. Zu dieser Zeit, das Genre Musical war aus Amerika nach Deutschland rübergeschwappt, unterrichtete er als erster dieses Fach an der Musikhochschule „Hanns Eisler“ in Berlin. Wieland also sah mich und dachte: die kann was, ist spielfreudig, Operettensängerinnen gibt's genug im Land, sie sollte Musicals singen. Und so kam es, daß ich einmal in der Woche von Eberswalde nach Berlin in die Musikhochschule fuhr. Er brachte mir nicht nur das Singen bei, sondern auch das Laufen – ich verfiel ja vor Aufregung in Paßgang: rechter Arm, rechter Fuß. Bei ihm lernte ich schreiten, gehen.

Wieland bereitete mich also auf die Gesangsprüfung vor. Die Kommission bestand unter anderen aus Bärbel

Wachholz, Helga Brauer, Fred Frohberg, Wolfgang E. Struck, damals Direktor, und Hans Stäcker, damals Musikalischer Leiter des Friedrichstadt-Palastes. Wie die beiden mich so hören, sagte Struck zu Stäcker: Die hol mir mal, die will ich mir mal näher ansehen. Stäcker bestellte mich, und die Apothekenhelferin Dagmar Schulz aus Eberswalde fuhr in den Berliner Friedrichstadt-Palast. Ein riesiger, dunkler Saal. Darin ein paar Leute, die ich nicht ausmachen konnte. Auf der Bühne ein weißer Flügel. Ich sang völlig unbekümmert und wurde engagiert. Später erfuhr ich, daß Struck zu Stäcker gesagt hat: Die hab ich doch gar nicht gemeint! Ein wunderbarer Irrtum! Ich durfte mit dem Palast-Ensemble auf Tournee, nach Budapest, und nach Moskau. „Chim, Chimini" aus „Mary Poppins" und ein Lied von Helga Brauer, „Mit dem strahlendsten Lächeln der Welt", habe ich gesungen – ich war nicht nur der strahlendste, sondern überhaupt der glücklichste Mensch auf der Welt. Wer hat schon so einen Start!

Nach diesen Wochen wollte ich nicht mehr zurück in meine Apotheke. Herr Becker war stolz auf mich, aber schließlich konnte er mir nicht dauernd freigeben. Ich sollte mich entscheiden.

Ich zog zu Familie Rost in ein möbliertes Zimmer der Berliner Friedrichstraße. Frau Rost war mehr als eine Schlummermutter – sie war mir Mutter-Ersatz, tröstete mich bei Heimweh und Liebeskummer. Rosts gingen irgendwann in den Westen. Lange hörte ich nichts von ihnen. Bis sie mich im Fernsehen sahen und spontan anriefen. Es war eine große Freude, sie nach so langer Zeit zu hören, wir sind bis heute ganz lieb miteinander.

Den Berufsausweis hatte ich endlich auch. Das bedeutete, ich durfte 75 Mark pro Auftritt nehmen. Jene Kommission empfahl mir allerdings, über einen Künstlernamen nachzudenken. Schließlich gab es schon die populäre Christel Schulze. Was sollte dann noch eine Dagmar Schulz. Peter Wieland, bei dem ich Frederick Loewes „My Fair Lady" studierte, fand, daß mir „Dagmar Frederic" – also ohne das K – gut zu Gesicht stünde.

Aber sie kann es doch!

An dem Abend, als Schabowski bei dieser berühmten Pressekonferenz den Zettel aus der Tasche zog und verlas, saß ich im Wintergarten und begriff nichts. Peter war unten in seinem Arbeitszimmer. In der darauffolgenden Nachrichtensendung sah ich einen Grenzpolizisten, der von Menschen überrannt wurde. Ich holte Peter, und wir guckten fassungslos weiter. In mir saß die Angst vor einer Schießerei, vor Gewalt. Ich rief meine Westberliner Freundin an, um zu hören, ob da ein Spielfilm laufe. Ich konnte die Wahrheit nicht glauben. Daß dieser Staat einfach zusammenfiel wie ein Kartenhaus! Unfaßbar. Als nach und nach bekannt wurde, daß die DDR Terroristen Asyl gewährt hat und die Pläne für Internierungslager an die Öffentlichkeit drangen, zerriß mein Renner sein Parteibuch.

Beruflich lief bei mir alles erst mal so weiter. Ich machte „Musik, die Ihnen Freude bringt" wie bisher, nur bekam ich bald anderes Geld dafür. Was schon witzig war. Aber das erlebten wir ja alle. Auch für Veranstaltungen wurde ich engagiert wie bisher, zum Beispiel für die „Tierpark-Matinee", die ich mit Jürgen Karney ansagte und bei der anwesend war, was in der neuen Ostberliner Politik Rang und Namen hatte.

Als Jürgen später ein wichtiger Mann beim Berliner Rundfunk wurde, gab es eine Meldung: Leute, die früher vor den Regierenden knieten, werden nicht gespielt. Punkt. Offiziell wurde das begründet mit einem anderen Musikkonzept. Gerade in dieser Übergangzeit wäre es für alle Ost-Künstler wichtig gewesen, ein Podium zu haben. Und wer, wenn nicht ein Ostdeutscher, sollte sich für uns einsetzen?

Ich bin ein freundlicher Mensch, das weiß jeder, der mich kennt. Ob Kabelhalter, Requisiteur oder Kleindarsteller, bei jeder Produktion begrüße ich alle mit Handschlag. Früher tat ich das aus Unsicherheit. Aber nach und nach spürte ich, wie die Mannschaft über Kollegen redet und daß sie mein Verhalten honoriert. Und Freundlichkeit macht das Leben einfach leichter.

Außerdem handle ich nach dem Grundsatz: Sei auf dem Weg nach oben freundlich zu Deinen Mitmenschen – Du kommst an allen vorbei, wenn Du zurück mußt. Bei Kostümbildnern und Lichtkameraleuten bin ich wohl geachtet, aber auch gefürchtet. So lange es möglich ist, durch Kleidung und Licht den größtmöglichen Effekt zu erzielen, so lange muß eben daran gearbeitet werden. Das hat nichts mit Eitelkeit zu tun, sondern mit Show. Ich motze nicht um zu motzen, wer mit mir arbeitet, hat das erfahren. Ich bin auch nicht nur ungeduldig, aber wenn der Beleuchter auch nach einer halben Stunde noch nicht sieht, daß ich kein Licht im Gesicht hab, sage ich ihm das. Auch wenn ich auf der Bühne im Licht von hundert Scheinwerfern stehe, spüre ich auf der Haut, daß mein Gesicht nicht ausgeleuchtet ist. Kalle Kirchhoff war zu Beginn unserer Zusammenarbeit sicherlich manchmal sauer auf mich, weil ich meinen Unwillen durch's Studio rief. Er ist ein Klasse-Lichtkameramann. Irgendwann bat er mich, ihm leise zu sagen, was mir nicht paßt. Er hatte ja recht. Ich weiß, daß ich mich auf sein Handwerk verlassen kann. Seit der Arbeit an „Musik, die Ihnen Freude bringt" und „Meine Show" wissen wir, was wir voneinander wollen, und haben eine gemeinsame Sprache gefunden. Kameras von unten kann ich auch nicht leiden, warum nicht, bitte schön, in Augenhöhe oder, noch lieber, etwas höher? Man weiß doch, daß das schlanker und länger macht. Mit meiner Größe von nur 1,64 m kann ich das brauchen.

Es war im Sommer 1990, als Evelyn Matt, die Erfinderin des „Kessel", die Karsten Speck, Carry Sass und einige andere ge- und erfunden hat, mich fragte, ob ich die Silvestersendung 1990/91 gemeinsam mit Karl Moik moderieren wolle. Was für eine Frage! Es war die letzte Sendung, die das DDR-Fernsehen produzierte, diesmal mit dem Österreichischen Fernsehen. Alle Mitarbeiter des Ostfernsehens wußten, daß sie entlassen sind. In der Nacht zum 1. Januar 1991 wurde das Fernsehen der DDR abgeschaltet. Die österreichischen Kollegen spürten sehr wohl diese ausweglose Situation. Es flossen nicht nur bei uns Tränen.

Mein Renner

Meine Maxie

Mit dem Ende des DDR-Fernsehens und des Rundfunks gab es auch keine Konzerte mehr. Die Menschen waren mit existentiellen Problemen beschäftigt. Da wurde mir schon manchmal Angst. Scheiße, dachte ich, wenn Dich das mit 25 trifft, ist es arg. Trifft es Dich aber mit 45, kann es das Ende sein. Nur als Sängerin wäre es noch schlimmer gewesen. Aber ich habe ja ein zweites Standbein. Bei Peter war ohnehin alles weg. Er machte als Regisseur bis zum Ende der DDR große Programme mit bis zu 10.000 Menschen, solche Mammutinszenierungen konnte nun keiner mehr bezahlen.

Maxie und ihre Freunde

In dieser Situation startete Maxie ihre Karriere. Wieder kam der Zufall zu Hilfe. Von Anfang an hörte sie zu und lernte mit, probte ich im Wintergarten meine Lieder. Das hörte mal Michael Hansen. Es gibt so viel Leute, die singen und davon keine Ahnung haben, sagte er, wollen wir es nicht mal mit ihr probieren? ... Dieter Schneider textete zwei Lieder. Das Kind war knapp sechs, ging noch nicht zur Schule und schwärmte ausschließlich für die Gruppe „New Kids On The Block". Als ihr klar wurde, daß sie „Danke, liebe Mami" singen sollte, befand sie: So'ne Scheiße singe ich nicht. In Anwesenheit der Schöpfer. Oh Gott, Mamis Kind! Gut, sagte ich, dann singe ich das Lied für meine Mami, der ich immer danke sagen kann. Und probierte es. Wieder schlich sie um mich rum und lernte mit. Eines Tages fand sie: Das ist aber ein schönes Lied! In Michas Studio in Wandlitz produzierten wir 1990 Maxies erste Single „Danke liebe Mami"!
Unsere Tochter ist sehr musikalisch, hat den Rhythmus im Blut. Singt alle Texte mit, wenn sie mich singen hört. Seit vier Jahren lernt sie Klavierspielen. Das begeistert sie

zwar nicht gerade, aber wir haben ihr klargemacht, das ist die einzige Pflicht!! Wir werden ja sehen ...

In Werder war Blütenfest. Viele Westberliner kamen das erste Mal wieder in den Osten. Wir waren eingeladen und lernten das Kleeblatt kennen: Horst Dohm, Bürgermeister von Wilmersdorf, Hartmut Wallbrecher, einer der Direktoren der Kindl Brauerei, Rudi Schröder vom Meisel Verlag, Otfried Lauer, Chef des Berliner Theaterclubs. Das Kleeblatt trifft sich an jedem ersten Sonntag im Monat zu einem Prominenten-Frühschoppen in Wolfgang Gruners „die Kneipe" in der Berliner Rankestraße. Zu diesem Frühschoppen werden Politiker Schauspieler, Sänger aller Genres, Rundfunkleute eingeladen. So auch wir. Wir trafen dort viele Ost-Kumpels, die wir sehen und nicht sehen wollten. Einen Mann vom Rundfunk zum Beispiel, der jahrelang entschied, wer wann was produziert und der mir vor 15 Jahren eine Zusammenarbeit mit Fred Weyrich versagt hat.

Zum 50. Prominenten-Frühschoppen bekam ich übrigens ein winziges Kleinod an die Bluse geheftet: Das Goldene Kleeblatt, mit dem Personen geehrt werden, die ein Stück Berlin verkörpern. Ich war die erste Frau, wieder ein unvergeßlicher Tag in meinem Leben!

Herr Lauer gab mir im November 1992 die Möglichkeit, mein erstes eigenes Konzert mit Maxie und der Reinhard-Stockmann-Band in der Westberliner Hochschule der Künste zu geben, in der immerhin 1000 Menschen Platz finden. Es war mein erstes eigenes Konzert überhaupt. 800 Menschen waren gekommen, ein Wahnsinnsabend, am liebsten hätte ich jeden Einzelnen umarmt. Mein Kind trieb vielen Tränen in die Augen, als sie „Danke liebe Mami" sang. Durch das Kleeblatt konnten wir so viele Kontakte knüpfen – menschliche und geschäftliche –, wie anders gar nicht möglich. Allein zu spüren, daß man aufgenommen ist, daß man dazugehört, war besonders in dieser Zeit unglaublich wichtig und angenehm. Dafür sind wir besonders Otfried dankbar: Lauer war es, der nach der Wende wie ein Teufel für den Erhalt des Metropol-Theaters und des Friedrichstadt-Palastes kämpfte, sich ärgerte über westliche Bürokratie und östliches Desinteresse. Wir luden das Kleeblatt an einem schönen Sommertag zu uns nach Woltersdorf ein, zeigten ihnen unsere reizvolle Umgebung. Bei dieser Gelegenheit lernte Rudi Schröder unsere Tochter kennen. Wir schenkten ihm Maxies erste Single. Rudi war begeistert und sofort bereit, beim Meisel Verlag mit dem Kind eine CD zu machen. Wir verdanken ihm und diesem Verlag, daß wir einen Tonträger bekamen – ohne kommt man weder ins Fernsehen, noch in den Rundfunk. Auch ich konnte noch zwei CD's produzieren. Jetzt hab ich jedenfalls mehr Platten, CDs und MCs als je zuvor in der DDR. Nur stehen sie leider in keinem Geschäft. Wir, und damit meine ich das Gros der Sänger aus den neuen Bundesländern, haben einfach keine Chance, in die Regale zu kommen. Wir verkaufen unsere CDs selbst nach unseren Konzerten. Die Geschäfte orientieren sich nach Hitlisten, in die man ohne Lobby nicht kommt. Ein einziges Mal ist es mir mit „Laß die Rosen nicht verblüh'n" im Sommer 1994 gelungen, in den Hit-Paraden zu landen – ich war überglücklich. Dieter Thomas Heck lud mich zu drei seiner Sendungen ein. Er ist wirklich einer, der sich bemüht, uns in diese Landschaft einzuführen. Zum Heck'schen Schloßfest waren wir als Gäste geladen, das ist das gesellschaftliche Ereignis seit Jahren, bei dem sich Adel, Politiker, Künstler, Manager treffen. Diesem illustren Kreis stellte mich Dieter sehr persönlich vor und wünschte, daß man mir recht bald wieder eine Fernsehsendung anbietet. Na, das wär doch was!!

Im Januar 1990 bekam ich wieder mal ein Angebot vom Friedrichstadt-Palast, in ein laufendes Programm einzuspringen. Das tat meinem Selbstbewußtsein gut. Da sang ich endlich „Je ne regrette rien"; ein Chanson, das ich seit Jahren im Kopf hatte. Währenddessen machten Hansen und Schneider für Maxie die Konzeption für das geplante Album. „Meine kleine, große Welt" sollte es heißen, Untertitel „Maxie und ihre Freunde". Ich hatte nur sonntagsvormittags Zeit, also produzierten wir an vier Studioterminen: Zwei Songs Roberto Blanco und

Maxie mit Mami und ihren Freunden: *Hans Clarin*

Roberto Blanco

Maxie, zwei Songs Mutter und Tochter, acht Titel sang sie allein.

Das mit Roberto Blanco kam so: Er war Gast in meiner letzten Sendung „Musik, die Ihnen Freude bringt". Peter hatte Maxie, wie so häufig, mitgebracht. Es ist einfach schön, wenn wir alle drei beisammen sind, und in dem Chemnitzer Hotel fühlten wir uns immer gut aufgehoben. Roberto Blanco war entzückt von Maxie: Gott, ist die süß! sagte er einmal. Blitzartig fiel mir die Frage ein: Würdest Du mit ihr singen? Wir sind dabei, eine CD mit ihr vorzubereiten, ein Duett würde ich Dir abtreten. Er sagte: Schick mir's doch einfach mal! Er stimmte zu, und so holten wir ihn eines Tages vom Flughafen ab. Der Weg ist weit, die Straßen werden immer schlechter, Roberto bemerkte mehrmals besorgt, ob wir ihn nach Kuba entführen wollten und daß er ohnehin nicht viel Zeit hätte. Er schlug vor, daß er jetzt seinen Teil des Duetts aufnimmt und Maxie ihren Part später daraufsingen könne. Er kannte ja weder unsere Art von Vorbereitung, noch das Kind. Dann übten beide ohne Mikrofon zum Halbplayback – und er stutzte. Am nächsten Tag fuhren wir alle zu Micha H. ins Studio. Maxie sang, die großen Kopfhörer auf den kleinen Ohren, mit Hingabe und geschlossenen Augen „Warum scheint die Sonne?" – und Roberto verpaßte seinen Einsatz, so fasziniert guckte er auf diesen Krümel. Abbrechen, noch mal, bitte. Dann hörten wir uns die Aufnahme an, und Roberto, dieser alte Profi, meinte: Fabelhaft. Aber seid nicht sauer, ich geh jetzt rein und singe es noch mal. Er spürte das grenzenlose Vertrauen des Kindes, was ihn richtig aus dem Konzept brachte. Sie nahmen gleich noch das zweite Duett auf.

Wir brauchten einen Background-Chor und ich fragte Maxies Klassenlehrerin, ob ich Kinder aus der 1 A hinzuziehen könne. So verhinderten wir von vornherein, daß die Mitschüler Maxie als etwas Besonderes betrachten. Heute sprechen alle Beteiligten von unserer Platte, es hat allen Kindern großen Spaß gemacht. Zu den Probennachmittagen gab es immer ein Schlemmeressen, einmal Spaghetti, danach war eine Küchenrenovierung fällig.

Die LP wurde ein großer Erfolg. Roberto Blanco und Maxie sangen bei Dieter Thomas Heck in der „Pyramide" und bei „Meine Show" in Zwickau. Heinz Schenk, der überhaupt nichts von Kindern auf der Bühne hält, erlebte Maxie und mich, als wir drei hier in Berlin zu einer Talk-Show eingeladen waren. Wir sangen eines unserer Duette. Daraufhin engagierte Heinz unsere Tochter für seine Weihnachtssendung, in der er mit ihr ein Zehn-Minuten-Medley sang. Das wiederum verfolgte Hans R. Baierlein und engagierte sie: Für Hans Clarin, mit dem er „Das Mädchen und der Clown" produzieren wollte, wurde ein Kind gesucht. Sie nahmen unabhängig voneinander und ohne sich zu kennen jeweils ihren Part des Duetts auf. Eine derartige Aufnahmetechnik ist schon für einen Profi schwierig. Maxie hat sich jedoch so rasch in das Sentiment der Clarin-Vorgabe hineingefunden, daß Fremdheit überhaupt nicht zu spüren war. Kennengelernt haben sich die beiden dann zu einem chaotischen Fototermin und dann vier Stunden vor der ersten Fernsehprobe – sieben oder acht Sendungen haben sie mit diesem wunderschönen Clownslied gemacht. In der Hitparade der Volksmusik bei Carolin Reiber landeten sie im Juli auf Platz 1. Hans Clarin ist nicht nur ein hervorragender Schauspieler, sondern auch ein sehr sensibler-einfühlsamer Mensch. Was ein Kind natürlich fühlt.

Die beiden waren sofort ein Herz und eine Seele. Auch Clarins Frau, Christa Gräfin von Hardenberg, schloß Maxie gleich in ihr Herz. Beide luden Maxie für eine Woche nach Aschau am Chiemsee ein. Daß das Kind ohne mich verreiste, war nicht leicht für mich. Doch Maxie war glücklich.

Die Clarins leben auf einem Bauernhof mit Hängebauchschweinen, Katzen, Hunden und Pferden. Und wenn mein Kind glücklich ist, bin ich es auch. Während dieser Zeit gab Hans zwei Vorstellungen in der Burg der von Berlichingen, zu einer kam der Freund des Hauses, Roman Herzog mit seiner Frau. Nach der Vorstellung gab es eine Grillparty. Maxie wurde zu einer Autotour eingeladen. Seitdem schwärmt unsere Tochter für den Bundespräsidenten, der unglaublich lustig sein soll. Nur dessen Auto möchte sie nicht haben: Die (gepanzerten) Türen gingen so schwer zu ...

Sängerin will Maxie nicht werden, sondern Reitstallbesitzerin. Aber sie bekommt schon Lampenfieber!!! Natürlich hätten wir gern, daß sie Sängerin wird, es ist nun mal für mich der schönste Beruf der Welt.

Ich hab ihr erklärt, eine Dressurreiterin, die singt, gibt es noch nicht, sie wäre die Erste. Entscheidet sie dennoch eines Tages, Friseuse, Astronautin oder Tierärztin zu werden, soll sie das tun. Alles, was man ihr mitgeben kann, geben wir ihr. Mich läßt hoffen: Sie klaut mit Augen und Ohren, wie ich auch einst. Man kann sicher alles lernen, fehlt aber das Strahlen, das Menschen fasziniert, wird es keinen Erfolg geben. Und ich glaube, sie hat es.

Lampenfieber hab ich auch wie verrückt. Das äußert sich in unentwegtem Gähnen, wahrscheinlich wegen Sauerstoffmangel durch Hyperventilation. Minuten vor einem Auftritt weiß ich nicht, in welchem Stück ich bin, worum es geht, was ich überhaupt machen soll. Doch ein altes Zirkuspferd schnuppert die Sägespäne: Stehe ich vor der Kamera oder auf der Bühne, ist alles okay. Bis jetzt ist mir noch nichts Schlimmes passiert. Wenn's erst mal so weit ist, werde ich mir wohl Gedanken machen müssen, ob ich nicht doch einen Teleprompter brauche. Heinz Schenk zum Beispiel kann bis zur letzten Sekunde hinter der Bühne Witze erzählen, geht übergangslos raus und moderiert – das kann ich nicht. Ich brauche einige Minuten der Konzentration. Ich schreibe mir für Galas nichts auf, also muß ich die Begrüßung im Kopf repetieren: Wo fange ich an, wo will ich hin. Dazu brauche ich absolute Ruhe. Das weiß mein Renner, und er läßt mich zehn Minuten vor dem Auftritt allein. Bis dahin ist er an meiner Seite.

Am 6. Januar 1990 trafen wir Fred Weyrich wieder, der schon vor 15 Jahren den Wunsch geäußert hatte, mit mir zu arbeiten. Was man, wie schon gesagt, gründlich verhinderte. Nun schlug er mir seine Idee vor: „Ein Jahr in meinem Leben", für jeden Monat ein Lied, kleine hübsche

Abhören von Maxies 1. CD mit Michael Hansen

Maxies Liebling: Schäferhündin Nina

Geschichten mir auf den Leib geschrieben. Ich war begeistert, auch von Micha, der sehr unterschiedliche Musiken dazu erfand. Ich glaube, von der Arbeit im Studio haben wir alle Drei, alles „alte Profis", sehr profitiert.

„Meine Show"

Im Sommer 1991 rief mich jemand vom MDR an und fragte, ob ich Lust hätte, eine Musiksendung zu machen. Natürlich hatte ich Lust, das konnte ja wohl die Frage nicht sein. Ein „Westmann" Jaro Stanislav kannte mich aus dem DDR-Fernsehen, welch ein Glück. Sie sollte „Meine Show" heißen und im Juni 1992 in Zwickau über die Bühne gehen. Ich war begeistert, durfte tanzen, singen, moderieren, Spielrunden machen, Live-Interviews führen – wie ich es immer erträumt hatte. Dazu eine bunte musikalische Mischung servieren: eine Opernsängerin, Stimmungsmusik, Sallie Oldfield und Gordy, mit dem ich eine Szene spielte. Es war eine Riesenherausforderung, es hätte auch viel schiefgehen können. Diese Live-Schaltungen, diese spontanen Gespräche, das war schließlich alles neu für mich. Die Show kam an. Bei Publikum und Kritikern. Letztere wunderten sich, wo der Teleprompter sei. Das ist ein Monitor, auf dem in großen Lettern der Text abrollt, den Nachrichtensprecher und Moderatoren ablesen können, ohne daß der Fernsehzuschauer davon etwas merkt. So ein Gerät kannte ich gar nicht, ich hab immer aus dem Kopf moderiert.
Geplant war, daß ich nur eine Show machte. Nummer zwei moderierte Jürgen Karney, das Publikum aber fragte nach Dagmar Frederic. Ich durfte also weitermachen, in zwei weiteren Folgen zeigen, was ich kann. Als ich hörte, daß die Show in die ARD gehen sollte, war ich überglücklich, und sicher, daß es dafür ein Publikum geben würde. Ich behielt recht: Zu dieser Superzeit am Donnerstagabend, 21.03 Uhr, hatten wir Einschaltquoten zwischen

4,3 und 4,8 Millionen – das ist doch wahrlich nicht schlecht!

Allerdings wurde mit sehr harten Bandagen gearbeitet: War zum Beispiel Sonntag Sendung, bekam ich frühestens am Montag davor das Buch, und jeder verlangte von mir, daß ich es am Donnerstagabend im Kopf hab. Hatte ich ja auch. Aber dann ging das Hin und Her los. Da schmiß MDR-Chef Wolfgang Bremke nach der Generalprobe, also eineinhalb Stunden vor der Sendung, ein ganzes Musical-Medley raus. Das mit Ballett und Kostümen runde 30.000 Mark gekostet hat! Jan Hofer, der Nachrichtensprecher, interpretierte mit mir dieses Medley aus „Any Get Your Gun", und das sei Drittes-Programm-Niveau, wetterte Bremke. Er singt es so, wie ein Schauspieler es eben singt, es verlangt doch keiner, daß er Pavarotti nachmacht! Ich solle mir endlich dieses Provinzdenken abgewöhnen, brüllte Bremke. Und: hast Du denn jemals Musical gehört? Das war der Gipfel. „Miss Musical", das war doch ich in der DDR! Wer hat denn im Palast der Republik mit dem großen Robert-Hanell-Orchester und der Big Band des RTO-Orchesters unter Martin Hoffmann Musicals gesungen und moderiert? Wem applaudierten denn 5000 Leute im Saal? Aber woher sollte dieser im Machtrausch eines Kolonialisten schwelgende Bremke das auch wissen? Und was mich zusätzlich verstimmte: zuerst fand die Redaktion dieses Medley sehr hübsch, nach Bremkes Ausbruch ließ keiner mehr ein gutes Haar an der Sache. Ich verstand! Von dieser Seite hatte ich keine Hilfe zu erwarten, jede Parteinahme für mich hätte den Job gefährden können. Ich jedenfalls mußte Haltung bewahren, in die Maske, dann auf die Bühne, das Entree wurde umgestellt, ich hatte statt Nummer eins Nummer sieben anzusagen, Nummer eins rutschte auf Platz 14 und so weiter.

Ein anderes Mal fiel Bremke kurz vor der Sendung ein, ich solle das „Rondo Veneziano" nicht nur kurz ansagen, sondern eine Einführung in die Geschichte des venezianischen Karnevals mit Komponistennamen und Jahreszahlen geben. Wohlgemerkt, alles ohne Teleprompter, alles aus dem Kopf! Ich war selbst fassungslos, daß es funktionierte. Mein Buchautor Thomas Herrmann, übrigens der Sohn von Marianne Wünscher, erbleichte ebenfalls bei dieser Idee. Nun ziehen inhaltliche Veränderungen unerbittlich technische nach sich, der Lichtcomputer mußte zum Beispiel neu eingerichtet werden. Darauf hingewiesen, blubberte Bremke: Ich brauche nur geniale Leute, sonst können wir ja alles mit der Hand machen und Leute, die ihr Fach von der Pieke auf gelernt hatten, wußte er an seiner Seite, einer von ihnen, sein Stellvertreter, Udo Foth, ein erfahrener Fernsehmacher, ständig bemüht, Schadensbegrenzungen vorzunehmen, das Chaos immer wieder zu ordnen. Vor allem ihm ist es wohl zu danken, daß zu guter Letzt alles lief. Aber ich verstehe heute noch nicht, wie ein Mensch so mit seinem Protagonisten umgehen kann. In einem solchen Ton ist bis dato kein Mensch mit mir umgesprungen. Natürlich kriegten auch die Kollegen, die mit in der Show waren, diesen Terror mit. Sie waren sehr befremdet. Wie oft fiel mir bei solchen Gelegenheiten Horst Renz ein, damals Unterhaltungschef beim Fernsehen der DDR. Mit dem wir auch unsere Probleme hatten, der aber mit Menschen umgehen konnte. Der ein Herz für Musik hatte, die Regeln des Anstands zu wahren wußte und die Persönlichkeit des Künstlers nicht mißachtete.

Siebenmal machte ich „Meine Show" in der ARD. Eine Woche vor der letzten erfuhr ich, daß es das Ende für mich sein würde. Ich hielt mein Vorhaben durch – nicht meckern, mich nicht beklagen, wie immer eine gute Arbeit abliefern. Ich durfte sogar singen und tanzen mit der freundlichen Bemerkung: Es ist ja ihre letzte Show, laßt sie doch. Ich glaube sogar, daß es meine beste Sendung war. Leider wurde sie nicht wiederholt. (Später erfuhr ich, daß man bei der nächsten und allerletzten „Show" meine Nachfolgerin Montserrat Caballé auf Händen trug.) Daß bei meiner letzten Show nur 2,3 Millionen zugeschaut haben, war einfach Pech. Glücklicherweise wußte ich nur, daß an jenem Tag, wie immer, „Schreinemakers live" und die Hitparade liefen, Gott sei dank wußte ich nicht, daß

Im Studio mit Jan Hofer

Abschied von „Meine Show" – Trost von Emöke Pöstenyi

auch Weiberfastnacht war. Klar, daß am Rhein und in Süddeutschland niemand an einem solchen Tag den Fernseher einschaltet, um etwas anderes als Karneval zu sehen. Sonst hätte ich vielleicht den Mut verloren. Am nächsten Morgen erwischte mich Irma Zimm, eine Ostberliner Kritikerin, die früher schon viel über mich geschrieben hat, am Autotelefon. Ha, ha, ha kicherte sie in mein Ohr, haben Sie schon gehört: nur zwei Millionen wollten sie noch sehen, ha, ha, ha! Zu Hause las ich dann ihre Titelzeile im Berliner Kurier: „Der tiefe Sturz der Frederic". Das traf hart. Ein anderes Blatt titelte „Nur zwei Millionen wollten sie noch sehen" – solche Schlagzeilen haben mir sehr zu schaffen gemacht. Die Tränen, die da geflossen sind, sahen nur meine Familie. Ich schwor mir: Nicht einer soll erfahren, wie tief sie mich verletzt haben. Heute bin ich drüber weg. Die süddeutsche Journalistin Ponkie, die nach der ersten Sendung urteilte „Sie ist aus der alten Charme-Kiste von Emmerlich und Speck" konnte ich ja noch verkraften. Auch die Süddeutsche Zeitung, in der ich über mich las: „Jetzt versucht sie sich auch noch mit Singen. Wer hat sich das denn von ihr gewünscht?" Auf so etwas war ich vorbereitet, damit kann ich umgehen. Wer mich nicht kennt, kann's eben nicht besser wissen. Lippi hat wohl recht, wenn er feststellt, wir Ossis hätten keine Lobby. Auch wenn sie zunächst so tun, als seien sie auf unserer Seite, beim geringsten Anlaß plumps! Aber das widerfährt ja nicht nur unserer Gilde!

Übrigens glaube ich nicht, daß das Publikum am Samstagabend nur Junges, Freches, Frozzeleien und Game-Shows sehen will, wie die Macher gern behaupten. Peter Alexander mit einmal im Jahr 12 Millionen Zuschauern, Dieter Thomas Heck mit zehn Millionen oder Schenk mit sechs, sieben Millionen beweisen doch das Gegenteil.

A propos Schenk. Ich konnte in einer seiner Sendungen Musical-Songs singen und tanzen, das war im September 1993. Zwei Sängerkollegen (West) guckten plaudernd am Monitor zu, nicht ahnend, daß ihnen eine frühere Kollegin (Ost) von mir zuhörte. Und mir brühwarm zutrug, wie einer der Herren sich wunderte: Wieso darf die hier so einen langen Block machen, die ist doch aus dem Osten? Und der andere gab zu: Aber sie kann es doch!

Sicherlich gab es Menschen, die sich freuten, daß ich endlich, nach zehn Sendungen, weg war vom Fenster. Es gab aber Gott sei Dank auch viele, die mich sehen und hören wollten. Im April 1994 ging ich mit Jürgen Walter und Michael Hansen, Maxie und meinem Orchester auf eine Tournee, in sechs Konzerte kamen 11.000 Leute, die ich so begrüßte: Nachdem ich wochenlang in der ARD das Letzte war, bin ich hier die Erste – und Riesenapplaus dafür bekam.

Gute Freunde und ein Fan

So nach und nach ergibt sich wieder eines aus dem anderen. Mache ich irgendwo eine Gala, sitzt einer im Publikum, der mich wieder einlädt. Kurz nach der Wende war ich mit meinem Orchester zu einer Veranstaltung im Grand-Hotel. Das Ergebnis: Die Reinhard-Stockmann-Band arbeitete über ein Jahr lang dort. So konnten meine Jungs überleben. Ich glaube, wir sind uns gegenseitig dankbar, gemeinsam eine hohe Qualität erreicht zu haben – mit dieser Band im Rücken gehe ich in jede Löwenhöhle. Mit einer fremden Band zu arbeiten ist meist sehr schwer.

Natürlich wird mir jede als notensicher avisiert – haben sie dann aber meine Noten vor der Nase, sieht es oft anders aus. Ich ahne, was die Musiker denken: Die Alte mit ihren Schlagern, das kriegen wir schon hin. Und dann zeige ich ihnen, was die Alte noch draufhat. Das ist Schwerstarbeit. Muß ich mich doch nach vorn auf das Publikum und nach hinten auf die Musiker konzentrieren. Sicher spielen sie phantastisch ihr eigenes Repertoire, einen Fremden zu begleiten ist jedoch ein anderes Stück.

Natürlich lerne ich auch in den alten Bundesländern immer mehr Orchester kennen, mit denen die Arbeit Spaß macht, aber über meine Jungs geht nichts!

Für mich ist selbstverständlich, daß ich die Autoren meiner Lieder nenne: Gisela Steineckert, Kurt Demmler, Thomas Natschinski, Hans Kunze. Wir arbeiteten viele Jahre erfolgreich zusammen. „Schneeweißes Boot", „Alles, was die Liebe sagt, kann leise sein" hat Kunze für mich geschrieben, und damit war ich nach dem „Tango" zum ersten Mal wieder in den Hitparaden. Mit „Laß die Rosen nicht verblüh'n" von Hansen und Schneider ist mir auch nach der Wende der Sprung in die Hitparaden gelungen.

Doch ohne Manager läuft heute nichts mehr. Horst Klemmer aus Oldenburg sah mich in der Talkshow „Riverboat" und hörte mich sagen, daß Weyrich für mich Texte schriebe. Die beiden Herren kennen sich seit dreißig Jahren, Klemmer fragte also Weyrich, ob ich schon einen Manager hätte. Hatte ich nicht. Wieder so ein Zufall. Wir trafen uns in Bremen, wo ich die Gala anläßlich der Einweihung des Congress Center moderierte. Horst und ich verstanden uns sofort, die Chemie zwischen uns stimmt, die Arbeit läuft.

Erzählen will ich noch von Dieter Stein, meinem langjährigen Maskenbildner, Beichtvater, Vertrauten. Er hat früher zum Beispiel auch Carmen Nebel geschminkt und ihr die gleiche Frisur gemacht wie mir. Worüber wir sehr lachten. Das hatte zur Folge, daß man mich später im Westen mit Frau Nebel ansprach, weil sie ja die erste Ost-Frau im Westfernsehen war. Also ließen wir uns etwas anderes einfallen.

Carmen moderierte 1991 die Funkausstellung, während ich zur gleichen Zeit „Musik, die Ihnen Freude bringt" machte. Wir brauchten also Dieter Stein zur gleichen Zeit. Der arbeitete – was ich menschlich durchaus verstand – bei Carmen. Und so ging eine fast 18jährige Zusammenarbeit lautlos und plötzlich zu Ende. Daß ihm das genau so schwergefallen ist wie mir, nahm ich mit großer Freude zur Kenntnis, als wir im Mai 1994 wieder zusammen gearbeitet haben. Ich rief ihn an, und er kam. Und die fünf Tage, in denen wir in Meißen eine Fernsehsendung produzierten, waren wie in guten alten Zeiten. Seit 1991 hab ich Martina Richter. Uns verbindet eine alte Geschichte. Als ich 1978 in Sopot auftrat, überreichte sie mir noch auf der Bühne Blumen als Fan.

Später tauchte sie als Maskenbildnerin im Fernsehen auf. Wir haben uns immer schon gut verstanden, und es hat sich herausgestellt, daß sie auch mit Maxie gut umgehen kann. Martina ist nicht nur eine fabelhafte Maskenbildnerin, sondern mittlerweile meine Freundin. Auf allen Familienfesten ist sie dabei. Produziere ich irgendwo außerhalb Berlins und nehme Maxie mit, kümmert sie sich außerdem um das Kind. Martina weiß genau, wann ich mich ausquatschen muß – sie und die Redakteurin Martina Rothe waren die einzigen außerhalb der Familie, die den Zoff mit „Meine Show" mitbekommen haben. Beide boten mir während der Sendung und der Proben Schutz. Beide richteten mich nach tränenreichen Stunden in der Maske auf, so daß ich rausgehen konnte, ohne daß mir jemand meine Stimmung ansah.

Für mich ist Arbeit die einzige Art, mich zu retten, nicht unterzutauchen in den Tränen. Schmerz und Trauer verarbeite ich am besten durch Arbeit. Sich zu disziplinieren fällt viel leichter mit einem äußeren Anlaß. Man liest und hört doch gelegentlich solche Geschichten: Morgens starb der Vater des Künstlers, ob nun Clown oder Sänger, Zauberer oder Schauspieler, und abends macht er seine Vorstellung. Das verstehe ich nur zu gut. Zum einen ist es diese Ablenkung von dem Problem, zum anderen die Verpflichtung, die man dem Publikum gegenüber hat, egal, wie man sich fühlt. Dem, der eine Eintrittskarte bezahlt hat, ist doch wurscht, ob ich Rückenschmerzen oder Liebeskummer habe! Ich mußte Ende der sechziger Jahre, fünf Stunden, nachdem wir den von mir sehr geliebten Großvater zu Grabe getragen haben, „Sag mir, wo die Blumen sind" singen – niemals ist es mir so schwergefallen wie damals. Danach war ich stolz, weil ich meinen Schmerz verbergen konnte. Auch den Kollegen verschwieg ich das aus Angst, ihr Mitgefühl könnte mich aus der Fassung bringen.

Merkwürdig – es war wieder „Sag mir, wo die Blumen sind", ich sang es in Chemnitz bei „Musik, die Ihnen

Freude bringt", drei Stunden zuvor erfuhr ich, daß mein Vater nach der Beerdigung von Professor Heinrich Dathe einen Herzinfarkt hatte. Er lag im Krankenhaus auf der Intensivstation, und mir stand am Tag darauf diese Livesendung bevor. Nur Heinz Quermann ließ ich meine Sorgen wissen, wieder aus dem einfachen Grund: ein Wort des Mitgefühls, und es wäre um meine Fassung geschehen gewesen. Eine Stunde vor der Sendung, ich hatte aus dem Krankenhaus erfahren, daß Vati zwar bei sich, aber noch lange nicht über den Berg war, spürte ich, daß ES etwas mit mir machte: Aus der deprimierten, sich sorgenden Tochter stieg für die Zeit des Auftritts der Profi, für den nur seine Arbeit zählt.

Vati erholte sich Gott sei Dank. Er hat wieder eine gute Kondition. Elisabeth aber war wieder allein. Sie lernte Professor Dathe, den langjährigen, verdienstvollen Direktor des Berliner Tierparks auf einem Ornithologen-Kongreß kennen. Bei einem Tischgespräch erwähnte sie wohl, Daggis Freundin zu sein. Dathe, Vorgesetzter und enger Vertrauter meines Vaters, der mich seit meiner Kindheit kennt, schwärmte ihm von dieser tollen Ärztin aus Eberswalde vor. Als mir das zu Ohren kam, lud ich beide ein. Zum Kaffee trafen sie sich wie zufällig bei uns. Nachts gegen ein Uhr zogen Peter und ich uns zurück: Ihr jungen Leute könnt ja gern noch miteinander reden, wir müßten jetzt ins Bett. Da war Dathe 79. Sie verabschiedeten sich natürlich, aber ich konnte hören, wie sie sich verabredeten. Nie hatte ich damit gerechnet! Ich wollte einfach nur, daß diese beiden wunderbaren Menschen sich kennenlernen. Im März bekamen wir eine Karte „Als Vermählte grüßen". Ich glaube, sie waren sehr glücklich miteinander und hatten eine schöne Zeit. Nach einer scheinheiligen Gratulationskur zu seinem 80. Geburtstag erhielt er von den neuen Berliner Regierenden einen kaltherzigen Brief, in welchem er aufgefordert wurde, das Haus in welchem er über 40 Jahre gewohnt hatte in kürzester Zeit zu räumen. Diese und andere Schikanen überlebte er nicht. Elisabeth hatte glücklicherweise auf Heinrich gehört und ihr Eberswalder Haus behalten. Dort

Fritz Egner und Günter Wewel

Udo Jürgens, Peter Alexander, Joan Collins,
John Forsythe, Carolin Reiber

schuf sie sich eine neue Existenz als Gynäkologin. Ich bewundere den unglaublichen Elan dieser Frau. Vielleicht aber ist solcher Mut unerläßlich, will man sich nicht verlieren. Elisabeth hat mich sehr reich gemacht.

Freunde spielen in meinem Leben eine große Rolle. Einmal im Jahr holen wir sie alle zusammen zu einem Sommerfest. Und am Jahresende gibt es auch in einer hektischen Künstlerfamilie besinnliche Tage. Da backe ich mit Maxie Pfefferkuchen, Marzipan- und Dresdner Stollen. Ach, das macht jetzt so viel Spaß. Man braucht ja nicht mal mehr die Mandeln abzupulen, weil es alles fertig zu kaufen gibt! Mutti backt Kuchen. Ihre Käsetorte, Nußtorte, Donauwellen sind berühmt!

Unser Haus wird geputzt und adventlich geschmückt. Und es entsteht das unbedingte Bedürfnis, die engsten Freunde einzuladen. Da kommen die Amerikaner Flori und Joe Bourne aus Holland, um mit uns den Jahreswechsel zu begehen. Sie sind Peter heute noch dankbar, weil er sie 1987 davor bewahrte, DDR-Bürger zu werden. Da kommen die Liebhaber klassischer Musik Brigitte und Klaus Vangeroh zu tiefsinnigen philosophischen Gesprächen und einem guten Schluck. Da kommt der feinsinnige Pianist Manfred Hübler mit seiner rassigen Frau Gitti. Und wenn sie nicht gerade auf einem Schiff durch die Welt schippern, sind auch Brigitte und Günter Gollasch dabei.

Fest zur Familie gehören Wagners. Siggi und Bruni waren für uns da, als andere uns ihre Türen verschlossen. Und wir geben ihnen, was sie nicht haben: eine Familie. Wann wäre das wichtiger als am Heiligen Abend. Mittags 13 Uhr – warum sollte es bei uns schon mal normal zugehen – versammeln wir uns zum Gänsebraten: meine Eltern, mein Bruder Achim mit Julia, Wagners und wir drei. Diese Tradition ist aus der Not geboren, am ersten Weihnachtsfeiertag arbeiteten wir früher sehr oft.

Auch Fans können zu Freunden werden. Lilian ist so eine Freundin. Da saß eines Tages in Weimar ein Mädchen im Rollstuhl und beobachtete die Dreharbeiten für ein musikalisches Porträt von mir. Das war 1988. In einer Drehpause zog sie mich ins Gespräch, als würde sie mich schon Jahre kennen. Ich erfuhr, daß sie Lilian Schulz heißt, achtzehn Jahre alt ist, in einem Behindertenheim lebt. Seitdem ist sie wie ein Maskottchen für mich. Wo auch immer ich arbeite, Lilian ist schon da. Ob im winterkalten Bremen, im trocken-staubigen Chemnitz, ob in Nürnberg oder in Dresden – Lilian weicht mir nicht von der Seite. Zwischendurch telefonierten wir, sie läßt mich teilhaben an ihrem Leben. Sie reist nicht mit dem elektrischen Rollstuhl, der ist zu schwer, um ihn in ein Zugabteil zu heben. Also rollt sie handbetrieben durch die Städte. Natürlich sorge ich unterwegs dafür, daß sie zu essen und zu trinken bekommt. Es war in Bremen, wir saßen mit den Fotografen Heike und Ludwik Erdmanski im Hotelrestaurant, ich hatte für Lilian einen Tisch geordert, da rief sie quer durch den teuren Laden: Daggi, hast Du schon mal Hummer gegessen? Nee, rief ich zurück, is mir zu teuer!

Einmal hat sie uns eine unglaubliche Freude gemacht. Anläßlich von „Meine Show" logierten wir in Chemnitzs Hotel. Wir standen im Foyer, als Lilian, die Querschnittgelähmte, uns entgegenlaufen kam. Sie hatte sich ein Gestell bauen lassen, mit dessen Hilfe sie sich zwanzig, dreißig Meter fortbewegen konnte. Wochenlang hatte sie trainiert, nur um uns ihre Energie zu beweisen. Nein, sie kann nicht laufen, diese Freude auf beiden Seiten aber werde ich nie vergessen. Selbst meinem Peter kamen vor Rührung die Tränen.

Denke ich an Lilian, schicke ich ein Dankgebet nach oben: Welches Glück, eine gesunde Tochter zu haben! Maxie war nie ernsthaft krank. Machte ich mir doch einmal Sorgen – wenn sie Zähnchen bekam oder eine Erkältung –, war Gaby Strauch immer für uns da. Sie ist Kinderärztin, Nachbarin, Freundin.

Ob ich das alles lernen wollte ...

Zu unserem neuen Leben gehören so viele Einladungen für Theaterpremieren, Vernissagen, Bälle, daß wir jeden Abend woandershin gehen könnten. Bei solchen Gelegenheiten trafen wir Bert Beel, einen in der Berliner Szene sehr populären Sänger und Parodisten. Wir kannten uns schon aus dem Friedrichstadt-Palast, ich hatte ihn auch mal als Gast in „Musik, die Ihnen Freude bringt". Er ist ein sehr schöner und amüsanter Mann, der gern zu Partys eingeladen wird. Wir freuten uns jedes Mal, ihn zu sehen, war er doch ein vertrauter Anlaufpunkt auf diesem für uns neuen gesellschaftlichen Parkett. Bert erkannte die Schwierigkeiten, die eine aus dem Osten hatte, geriet sie in das Show-Business des Westens, und gab bereitwillig Hinweise: Hast Du den schon gesprochen? Bist Du dort schon gewesen? Auf dieses und jenes mußt Du achten. Für diese Solidarität bin ich ihm sehr dankbar. Auch Nero Brandenburg vom RIAS ergreift Partei für uns, schon vor der Wende hat er Lieder von mir und meinen Kollegen gespielt. Er behielt unsere Szene immer im Blick, und heute noch kann er sich fürchterlich erregen, wenn einer von uns nicht fair behandelt wird. Mit der Fairneß ist das ohnehin so eine Sache.

Über Klemmer lernte ich einen Herrn Buchmann kennen. In Westdeutschland ist dieser Mann in der Szene bekannt und berüchtigt. Ein Idealist, der immer wieder Riesentourneen plant und einer der ersten war, der schon lange vor der Wende russische Ensembles ins Land holte. Damals wußte ich nicht, daß die Schar seiner Gläubiger groß ist, daß er stets alles zu bombastisch angeht und nie Geld hat. Dieser Buchmann bot mir jedenfalls 1993 an, mit einem phantastischen russischen Ensemble 160 Vorstellungen in den alten Bundesländern zu geben – ein sensationelles Angebot. Damit glaube ich, über den Winter zu kommen. Ende Oktober sollte es losgehen. Der Vertrag war anwaltssicher. Plakate hingen schon. Eine Riesenreklame. In Vorbereitung dieser Tournee flogen wir im September nach Moskau, zudem hatte das Ensemble ein Jubiläum, das es zu feiern galt. Aus diesem Anlaß war eine Fernsehsendung mit dem Ensemble und mir geplant, die im großen Saal des Hotel „Rossija" stattfinden sollte. Horst Klemmer bezahlte die Flüge (und bekommt das Geld heute noch von Buchmann). Wir machten die Orchesterprobe, ich war sofort begeistert von diesem Ensemble. Ich bin ohnehin sentimental, aber wenn diese Russen singen, kriege ich eine Gänsehaut. Zuvor sprach mich eine Frau im Hotel an: Gutten Tak, Du singen „Tango"? Es hat mich so sehr gerührt, daß ich dort noch nicht vergessen bin. Schließlich war mein letzter Auftritt in Rußland Jahre her! Natürlich sang ich „Tango". Es war eine Live-Sendung, die 90 Millionen Menschen – wie in China – sehen konnten.

Eine Woche vor Beginn der Tournee sagte Buchmann per Fax ab. Grund: Die wirtschaftliche Situation. Er hatte ein Ensemble von 70 Mann eingekauft, das per Bus durch's Land gefahren werden sollte, hatte Hotels und Riesenhallen gemietet. Der Vorverkauf aber ließ sehr zu wünschen übrig. Russen sind heutzutage eben nicht mehr so exotisch wie noch vor ein paar Jahren.

Finanziell war das ein mächtiger Einbruch. Schließlich hatte ich für ein halbes Jahr alle anderen Termine abgesagt. Buchmann stellt sich bis heute tot, ich habe keinen Pfennig gesehen. Seitdem aber weiß ich, daß auch ein juristisch nach allen Seiten abgesicherter Vertrag nur ein Wisch sein kann. Ob ich das alles lernen wollte... Früher galt ein Vertrag mit Handschlag als besiegelt. Ich brauchte im Leben nur bei meinen Scheidungen einen Anwalt, das war denn auch gleich der des jeweiligen Mannes. Jetzt braucht man für alles einen. Diese Juristensprache ist voller Fallen. Man wird ja arm und krank ohne Anwalt, es kann einen aber auch mit Anwalt hart treffen.

Doch ich bin hart im Nehmen. Psychisch und physisch. Im vorigen Sommer war es, ein ruhiger, schöner Tag, ich stand vor dem Spiegel, fummelte mir mit einem Ohrtupfer im Ohr rum, als ich eine Fliege an meinem Kopf sah. Zack, schlug ich mit der flachen Hand zu – und bohrte mir diesen Tupfer ins Ohr. Ich schrie laut auf, es war ein tierischer Schmerz, weil ein glatter Durchschuß des Trommelfells. Innerhalb von zehn Stunden sei das reparabel, sagte die Ohrenärztin, zu der mein Mann mich sofort brachte. Die örtliche Betäubung, Spritzen direkt ins Ohr, war viel schlimmer als Maxies Steißgeburt. Dann wurde das Trommelfell irgendwie geklebt. Es könnte sein, daß ich auf diesem Ohr nicht das volle Hörvermögen behalte, sagte der Arzt, er habe das Mögliche getan. Natürlich blieb ich nicht zehn Tage liegen, wie empfohlen, denn zwei Tage später war in Oberaudorf bei Dr. Schreiber eine Talk-Show geplant, Fred Weyrich und ich sollten in einer Krebs-Rehabilitationsklinik unsere neue CD „Ein Jahr in meinem Leben" vorstellen. Mein Renner fuhr mich also hin, ich nahm eine Beruhigungstablette, stellte den Sitz zurück und versuchte zu schlafen, aber jedes Stuckern verursachte höllische Schmerzen. In den Bergen dachte ich, mir zerplatze der Schädel, so machte mir der Höhenunterschied zu schaffen. Ich kam also mit diesem Hasenohrenverband in die Klinik und bat um Verständnis, daß ich nicht live singen würde. Wir hatten Playback-Bänder mit. Natürlich stieß ich auf Verständnis, war doch das Publikum selbst viel schwerer krank. Alle waren so reizend, und es wurde ein richtig lustiger Abend. Drei Wochen nach meiner Selbstverstümmelung war alles wieder gut und vergessen.

Gleich 50 – na und?

Diesmal kann ich nicht schlafen im Auto. Dieser Herbsttag ist zu schön. Mein Renner fährt ruhig und sicher. Ich nenne ihn immer so, oder Liebling. Sage ich Peter, weiß er, es ist ernst. Renner, das hat für mich was mit Respekt zu tun, mit Achtung.
Sind wir schon in Nürnberg? Dort hab ich zweimal „Meine Show" gemacht. Einmal sang ich mit Maxie das „Sonnenschein-Duett", sie hatte zu der Zeit eine Riesen-

Roberto Blanco

Karl Moik

Dagmar Berghoff

Henry Maske

zahnlücke, die mehr beachtet wurde als unser Lied. Aber schon zuvor gab es eine Begegnung in Nürnberg. Herbert Lehnert, Redakteur bei Bayern-Radio, machte seit Jahren ein musikalisches Sommerfest, ein Live-Konzert. Bereits vor der Wende legte er Wert darauf, dazu Künstler aus der DDR einzuladen. Im Sommer 1990 konnte ich hinfahren. Das war meine erste große Live-Kiste im Westen. Aus dieser Begegnung ist eine liebe Bekanntschaft geworden. In einem Riesenzelt spielte Paulchen Kuhns Big Band, ich führte durch den Abend und sang. Ich habe zwar Big-Band-Noten, hab ja früher mit den Orchestern von Fips Fleischer und Günter Gollasch gearbeitet, dennoch hatte ich einen Riesenrespekt. Auch vor dem RIAS-Tanzorchester mit Horst Jankowski. Nicht weil ich Ossi bin und die Wessis sind. Ich habe einfach Achtung vor den Musikanten Kuhn und Jankowski. Mit Horst war ich zehn Tage auf Deutschlandtournee, Joy Fleming war dabei und Tony Christie. In diesem großen Musikantenprogramm fühlte ich mich sehr gut. War auch stolz. Wie oft hab ich vom Pfingstkonzert im Zoo geträumt! Nun durfte ich sogar mit dem Polizeiorchester Michael Kern musizieren. Und manchmal ist mir auch merkwürdig zumute: Am 7. Oktober 1994 gab Dagmar Frederic mit Tochter Maxie, mit dem Polizeiorchester und dem ehemaligen NVA-Chor, der jetzt den Namen Carl Maria von Weber trägt, in der Westberliner Philharmonie ein Konzert. Wer hätte das gedacht.

Seitdem ich weiß, daß man nicht jedermanns Liebling sein kann, lebe ich ruhiger. Allerdings gehe ich mit einem ganz klaren Ziel auf jede Bühne: Die mich mögen, will ich nicht enttäuschen, die mich nicht leiden können, will ich rumkriegen, die mich nicht kennen, sollen nach der Veranstaltung wissen, daß es mich gibt. Das ist meine Motivation.

Heute bin ich dankbar für den Erfolg, den ich als Sängerin bei Galas erlebe. Viele Menschen in den alten Bundesländern wissen ja gar nicht, daß ich auch singen kann, weil sie mich nur als Sprecherin kennen. Komme ich auf eine Bühne, gucken sie erst mal, wie sieht sie aus, wie singt sie.

Mehr und mehr kann ich sie in meinen Bann ziehen. Und wenn sie dann, nach 45 Minuten, bravo und da capo rufen, kriege ich 'ne Gänsehaut. Das ist der Moment, nach dem ich süchtig bin. Für mich bleibt es nun mal der schönste Beruf der Welt. Es ist so eine tolle Möglichkeit, sich seinen Lohn sofort zu holen. Für diesen Applaus nehme ich alles hin: Strapazen und Ärger und Streß. Wer bekommt schon seine Arbeit umgehend honoriert, wer bekommt sofort gezeigt, daß gefällt, was er macht?

Bei Konzerten in den alten Bundesländern wird meine Sucht mehr als befriedigt. Mir wird applaudiert, sogar mit Standing Ovations, wie einst den Westkünstlern in der DDR. Damals wurde nie eine Zugabe von mir verlangt – mich gab's doch immer. Jetzt muß ich zwar härter arbeiten, und mir ein neues Publikum erarbeiten, aber ich bin froh über diese Chance.

Ich kokettierte nicht mit meinem Alter. Ich bin einfach glücklich darüber, daß ich heute nicht mehr so jung bin, um ungeduldig zu sein, und auch nicht so alt, um nicht mehr mitspielen zu dürfen. Ich hadere keineswegs mit meinem Schicksal. Nehmen wir mal an, die DDR hätte Westdeutschland überrollt, natürlich nur künstlerisch, niemand von uns hätte doch seinen Platz geräumt. Niemand hätte gesagt, lieber Dieter Thomas Heck, Sie sind mir so sympathisch, ich gebe Ihnen meine Sendung! Alle Positionen sind ausgefüllt, keiner hat auf uns gewartet. Gerechtigkeit hin Gerechtigkeit her!

Das einzig Gerechte auf dieser Welt ist, daß jeder jedes Jahr älter wird. Nun werde ich also 50. Ich erschrecke manchmal davor. Als ich 18 war, schienen mir Dreißigjährige uralt! Doch gucke ich morgens in den Spiegel, denke ich oft: So schlecht hat mich mein lieber Gott gar nicht behandelt. Und empfinde eine gewisse Dankbarkeit, daß ich mich mit 50 – schrecklich hört es sich doch an, nicht? – so gut fühle. Die Fältchen werden tiefer, die Haut wird müder, was macht das schon. Ich hatte gute Vorbilder: Nadja Tiller, Lilli Palmer, Uschi Glas. Die ist ja wohl ungefähr so alt wie ich. Als ich vierzig wurde, las ich in einer in der DDR verbotenen Zeitung, daß Uschi Glas fand, vierzig sei Wahnsinn. Und die sah doch immer toll aus. Oder Lilli Palmer, immer hielt sie ihre Figur, trug mit 60 noch einen Jeansanzug – das war damals für uns sehr ungewöhnlich. Wir dachten doch, Jeans trägt man nur, wenn man jung ist.

Bedenke ich's recht, hatte Alter nie eine Bedeutung für mich. Ich war kein typischer Teenager, weil ich sehr jung schon damenhaft wirkte. Mit langen blonden Haaren, langen roten, langen schwarzen immer schon lady like, was mir heute sehr zugute kommt. Ich fühle mich in großer Robe so sicher wie in Jeans. Als ich dreißig wurde, machte mir nicht das Alter Angst, sondern ich war traurig, kein Kind zu haben. Ich gab der Tochter meines Bruders meine mütterliche Zärtlichkeit. Mit vierzig wurde ich endlich Mutter, das machte mein Glück vollkommen. Und jetzt? Es gibt Tage, an denen kann ich mich nicht leiden. Das war schon immer so. Meist mag ich mich aber. Meine Umwelt registriert mein Alter hingegen genauer. Neulich kaufte ich in unserem „Räuberkonsum" die monatsübliche Reserve. Da krähte die Chefin durch den Laden: Wat denn, Daggi, det biste immer noch nich los?

Zugegeben, ich brauche zum Lesen jetzt eine Brille. Das fing schon an, als ich vierzig war. Ich wollte meinem Baby die Nägel schneiden und sah die winzigen Fingerchen nur unscharf. Es passiert mir auch gelegentlich, daß ich vor'm Fernseher einschlafe. Mein Tag beginnt früh um viertel nach sechs. Maxie geht in die vierte Klasse. Und egal, wann ich nachts nach Hause komme, ich versuche, wenigstens zum Frühstück meine kleine Familie am Tisch zu versammeln. Früher hab ich über meine Mutti gelacht, die deckte den Frühstücktisch abends, bevor sie ins Bett ging. Ich bin sicher, in einem halben Jahr mache ich das auch so. Es würde mir gut tun, könnte ich nachmittags mal eine halbe Stunde schlafen. Bin eben doch nicht mehr so taufrisch. Aber wenn Maxie aus der Schule kommt, will ich für sie da sein. Ich kann sie ja nicht dafür bestrafen, daß sie eine etwas ältere Mutter hat.

Vor uns blitzt der Ammersee. Ich ruf mal bei Weyrichs an, dann kann Renate schon die Kaffeemaschine einschalten. Die beiden umsorgen uns so lieb – wir fühlen uns fast wie zu Hause. Wir freuen uns aufeinander. Wir werden produktiv sein, da bin ich sicher. Neue Lieder zu meinem 50. Geburtstag werden entstehen. Und es wird gute Gespräche geben. Wir sind tief im Westen, bei Freunden.

Dagmar Frederic

Inhalt

Fotonachweis:

Ariola/Reinhard Zichy Seite 71 (2) – **Ludwik Erdmanski** Seite 7, 37 (4), 75 (2) – **fotohasse** Seite 67 (1) – **Thomas Frischhut** Seite 79 (1) – **Manfred Gößinger** Seite 43 (1), 49 (1), 71 (3) – **Magda Gressmann** Seite 71 (1) – **Günter Gueffroy** Seite 61 (2), 75 (1), 95 – **Rolf Heynemann** Seite 25 (2) – **MDR/Hopf** Seite 55 (2) – **Joachim Schulz** Seite 67 (2) – **Gisela Wewel** Seite 85 (1) – **Winkler** Seite 55 (1)

In den Fällen, wo die Rechte an den reproduzierten Bildvorlagen trotz aller Bemühungen nicht festzustellen waren, verpflichtet sich der Verlag, rechtmäßige Ansprüche im üblichen Rahmen abzugelten.